李异鸣 编

非 常 人

1840—1949

中国人的另类脸谱

北方文艺出版社

图书在版编目（CIP）数据

非常人 / 李异鸣编. -- 哈尔滨：北方文艺出版社，2006.11（2018.4重印）

ISBN 978-7-5317-2009-6

Ⅰ. ①常… Ⅱ. ①亦… Ⅲ. ①历史人物–中国–近代–通俗读物②历史人物–中国–现代–通俗读物 Ⅳ. ①K820.5-49②K820.6-49

中国版本图书馆CIP 数据核字（2006）第126994号

非常人
FEICHANG REN

编者 / 李异鸣

责任编辑 / 王金秋

出版发行 / 北方文艺出版社
邮编 / 150080
地址 / 黑龙江现代文化艺术产业园 D 栋 526 室
网址 / www.bfwy.com
经销 / 新华书店

印刷 / 北京高岭印刷有限公司
字数 / 160 千
版次 / 2016 年 11 月第 1 版
开本 / 640×1020 1/16
印张 / 13.5
印次 / 2018 年 4 月第 3 次印刷

书号 / ISBN 978-7-5317-2009-6
定价 / 46.00 元

目录 contents

修身第一

自吴淞设防以来，老将陈化成在西炮台边的帐篷里住了两年，风雨寒暑，与士兵同甘共苦。1841年，台风夹带暴雨，水势漫溢，部将们劝他移帐于干燥高处，他摇摇头说道："大帐一移，三军担忧，且我就高燥，而士卒湫隘，于心何安？"到了严冬，他踏雪巡视营伍，命给衣单的士兵发放棉衣。他从不接受任何贿赂，民谣有"官兵都吸民膏髓，陈公但饮吴淞水"之句。他时常激励将士："武官临阵，斯为奉职，死生固度外事，若畏死，不作武官矣。"

护国战争之前，蔡锷对梁启超说："失败就战死，绝不下野；成功就归田，绝不争权。"

蔡元培从德国回来的时候，为约束自己而立了三个原则：一不做官，二不纳妾，三不打麻将。当时称为"三不主义"。

1912年4月1日，孙中山先生为促成南北统一，毅然辞掉临时大总统的职务，由袁世凯继任，并于当月19日，南下福州。当船抵马尾时，孙中山看到欢迎人群中晃动着"欢迎孙大总统""孙大总统万岁"的纸旗，就立即命令把纸旗去掉，方才登岸，他还生气地对福建都督孙道仁说："总统交卸后就是平民了，怎么还称我总统呢？'万岁'二字是封建专制皇帝要他手下的臣民对他的称呼，我们的革命先烈为了反抗'万岁'二字，流了多少鲜血，丢了多少头颅！我如接受这个称呼，如何对得起先烈呢？"

段祺瑞从不接受他人的巴结与贿赂。如果有人给他送礼，他要把礼物细细看上一阵，然后只选一两样不值钱的留下。江苏督军齐燮元送他一套镶嵌着各种宝石的围屏，他的家人喜欢得睡不着觉，好几个人不约而同地半夜爬起来摩挲。可他只轻轻一挥手，就叫人把东西抬出去了。只有冯玉祥送给他的一个大南瓜他收下了，因为实在没有办法把南瓜切一半还给冯玉祥。

王国维遗体入殓之时，清华师生均向其遗体行三鞠躬之礼，唯有陈寅恪身着袍子马褂，跪地三叩头。陈行孔孟之道，并非只此一回。早在国学研究院时，他的学生到上海拜访他的父亲散原老人，谈话期间，所有人均坐，唯独陈寅恪站在一旁，并一直坚持到谈话结束。

徐特立任长沙女子师范学校校长时，在他的办公室的前廊上挂了一块黑板，每天在上面题诗一首，对学生进行思想教育。徐生活简朴，办校也力循勤俭方针，他常把别的教师用过的粉笔头儿拾起来留着自己用。他在学校的近两年中，几乎没有用过新粉笔。有学生笑他吝啬，他在黑板上写诗作答：半截粉笔犹爱惜，公家物件总宜珍。诸生不解余衷曲，反谓余为算细人。

陶行知幼年时，家境不好，母亲省吃俭用持家。为了节约开支，陶母一把剃刀剃了三代人的头。1934 年，陶母去世。陶行知为遗物剃刀写了一首纪念诗："这把刀，曾剃三代头。细算省下钱，换得两担油。"

南京夏日燠热，傅斯年在阅读北宋刊印的《史记》《敦煌卷子》等珍贵资料时，坚持不开电扇，不抽烟，虽然他人很胖，烟瘾也很大。

朱自清与叶圣陶时常到西湖边去，有时下湖，有时只喝喝酒。在校时各据一桌，朱只预备功课，叶却老是写小说和童话。初到时，学校领导来看过他们。第二天，朱问叶："要不要去看看他们？"叶皱眉道："一定要去么？等一天罢。"后来始终没有去。

日本驻沈阳领事林权助拜谒张锡銮，说有要事相商。张锡銮有意回绝，但宾客来访礼数又不能少。寒暄后，张锡銮不等对方开口，即说："我患了痢疾，片刻离不开茅厕。公乃外宾，理应接见，现在有话不妨告知传话人，我内急已经不能再等了。"说完就走。林权助哭笑不得。

梅贻琦一生廉洁奉公，持身以俭。就任清华大学校长时，主动放弃可以享受的一些"特权"，自己付家里工人的工资；自己付电话费；不要学校每月免费供应的两吨煤；从不让他的家人乘坐小轿车办私事……其生前长期独司数十万美元的清华基金，逝世后，却没有留下任何遗产。林公侠说他"在贪污成风的社会竟能高洁、清廉到这样的地步，真是圣人的行为。只这一点，已是可以为万世师表"。

民生公司创立之初，卢作孚的月薪仅为30元。当时四川省主席杨森请卢作孚担任公职，月薪500大洋，卢作孚断然谢绝。后来，民生公司不断发展壮大，卢作孚的月薪也不过百元，而当时民生公司一名船长的月薪可达300大洋。和卢作孚相熟的人都知道，去卢作孚家里做客，如果人多一点，就得站着吃饭。

于右任不留日记，是不愿有是非。1946年，于由重庆乘飞机回南京，在飞机上百感交并，追忆数十年来往事，填词一首："一拳打碎黄鹤楼。二水中分白鹭洲。八年苦战今难受。望园陵，人白首。旧江山浑是新愁。念不尽神明大咒，说不清乾坤自由，听不完楚汉春秋。"

齐白石早年做过木匠，成名后作画常用“鲁班门下”一印，以示不忘昔日的贫苦生活。

弘一法师 58 岁时，居青岛湛山寺，市长沈鸿烈要宴请他，他征引北宋惟正禅师的偈句婉言谢绝：“昨日曾将今日期，出门倚杖又思惟。为僧只合居山谷，国士筵中甚不宜。”

解放前夕，政府经济完全崩溃。陈寅恪生活窘迫，时任北大校长的胡适想赠其一大笔美元，陈拒不接受。后来，陈决定将自己的藏书卖与胡适，来换胡的美元。于是，胡适派专车到清华，从陈家里装了一车极为珍贵的关于佛教和中亚古代语言的西文书，而陈只收了 2000 美元。这个数目在当时虽不算少，然而同那些书相比，却是微不足道的。在这些书中，仅一部《圣彼得堡梵德大词典》的市价，就远远不止 2000 美元。

罗瑞卿是新中国第一任公安部长。有一次，罗瑞卿去火车站接客人，因为时间晚了，没来得及买站台票，就直接来到了检票口。随行的同志对检票员说：“我们是公安部的，来接客人！”说罢，便让罗瑞卿进了站。在回来的路上，罗瑞卿忽然就问：“进站买站台票了吗？”随行的同志摇摇头。等把客人送到住处之后，罗瑞卿对那位随行的同志说：“现在你马上到车站去，补交三张站台票钱！要知道中国古人有一句话，‘不以恶小而为之，不以善小而不为’，公安人员应当做守法模范，不能有特权思想！”

成舍我少时家穷，在北京读书办报，常吃不饱，甚至挨饿。后来情况有所好转，成依然节俭朴素，剩菜从不许倒掉，留在下一餐吃，一点儿汤汁也留着拌面。在台北时，他住丽水街，张佛千住永康街，相隔只有三分钟的路程。有一天张到成家串门，两人聊到中午，张佛千要回家，成坚留并笑曰：“今天有菜。”果然有鲜汤及红烧鱼。

胡颂平回忆胡适：先生平时交给我的工作，无论是写一封简单的信稿，或是摘录一些参考资料，或是出去接洽一件事情，总是说：“我想请你帮我做一件事，你有空时去办，不忙，不忙。”等我办好复命时，也总是说“谢谢你”，或是说：“太麻烦你了，多谢多谢。”去年12月里，他在台大医院特一号病房里养病，有一天夜里，他的被头不曾盖好，夜班的护士看见了，轻轻地过去帮他盖好。这时他已经睡着了，但他在睡梦中对这位特别护士说：“谢谢你。”第二天，这位护士告诉他时，他自己一点也记不起了。我8点半到了医院之后他对我说：“刚才护士小姐说的话，如果我睡着真的会说‘谢谢你’三个字，我相信这是我的好习惯。”

顾颉刚喜欢把自己的心情和盘托出：“我的心目中没有一个偶像，由得我用理性作公平的裁断，……我固然有许多佩服的人，但我所以佩服他们，原为他们有许多长处，我的理性指导我去效法；并不是愿把我的灵魂送给他们，随他们去摆布。”

1960年3月，朱德回到了自己的家乡——川北大巴山。到家的那天，有位老人正坐在门槛上晒太阳。听见脚步响，瞪圆眼睛一看，突然惊叫道：“是你呀！咋个就这么着回来了！”这位老人就是朱德的堂弟，他见朱德穿得那样朴素，不禁感叹道：“你给老百姓办了这么多好事情，身经百战，出生入死，是咱全中国的总司令，天底下有名望，怎么就穿这一身衣裳回老家来啦？”“穿着不冷就行了嘛！”朱德爽朗地说。“亏你是总司令，总得大车小车、护兵马弁拥护着来呀！”“总司令是个啥子嘛！没有大家，没有群众，还有啥子司令！总司令也不那么稀罕。”兄弟俩说罢，一齐哈哈大笑起来。

马三立十分注重保健，他每天“早晚共走一千六百步，坚持搓脸、磕牙、搓头发……扭腰转身，拍打前胸后背”。“文革”时期，马三立被关到了牛棚里。他仍然坚持健身，不能有明显动作的他，就每天搓脸两次，磕牙两次。一次，他偷偷磕牙的时候，被人发现了，硬说他是对党“咬牙切齿”，于是各种批斗接踵而来，马老这才停止了磕牙。

谢冰莹晚年时因意外失去了右腿，她用智慧、毅力和宗教信仰克服了断腿的痛苦。她说：“有时，我也会这么安慰自己：‘和当年比起来，我现在所受的疼痛又算得了什么呢？那时都忍过去了，现在不也可以忍过去吗？’每当深夜，我的腿疼痛不堪，辗转床笫时，我就劝自己要学海明威的《老人与海》里的那位老人，要老当益壮，不要老而无用。”

赵树理说：“……钱是人民币，来自人民，再交到人民手里就行了。”他是这样说的，也是这样做的。赵树理的许多著名小说，除在国内发行，还被苏、美、日、法等国家翻译出版。所以，他经常收到从国内或国外寄来的稿酬，其中有些稿费他根本不取，就直接交了党费，他还向组织提出建议，取消对自己既拿工资又得稿费的双重待遇，并自动放弃了国家给他的薪金。

齐如山常说：“人家做媳妇的不出闺门，我这大男人也 8 年未出过门。”他本是个爱热闹的人，但在抗日战争期间，他为了不做汉奸，只好在家待着，每天写作。

黄苗子在其遗嘱中说：“我坚决反对在我死后开什么追悼会、座谈会，更不许宣读经过上级逐层批审和家属逐字争执仍然言过其实或言不及实的什么‘悼词’。否则，引用郑板桥的话：‘必为厉鬼以击其脑。’”

钱钟书 80 岁生日当天，家中的电话响翻了天。机关团体、亲朋好友，纷纷要给他贺寿。钱钟书所在的社科院也准备为他开一个学术研讨会庆祝。对此，钱钟书一律谢绝。他说：“不必花这些不明不白的钱，找些不三不四的人，说些不痛不痒的话。”

袁隆平生活极其简朴，整日与 50 多名工作人员吃住在一起，身上的衣服普通得不能再普通，有些人见他不修边幅，便笑他“老土”，可他只是说：“穿得挺挺刮刮的，怎么下地？”

骨气第二

1855年3月7日，林凤祥在指挥作战时负重伤，东连镇为僧格林沁攻破，林凤祥在地窖被擒。5月31日，李开芳于山东茌平冯官屯兵败被擒，北伐军全军覆没。在敌酋僧格林沁面前，林凤祥慷慨陈词："余奉命讨胡，功败垂成，恨不能捣穴犁巢，上为上帝报瞒天之仇，下为中国解倒悬之苦，妖奴，汝快砍吾首去，毋污我！"3月15日，林凤祥在北京英勇就义，年仅31岁。临刑时，"刀所及处，眼光犹直视之，终未尝出一声"。

僧格林沁逮捕了张乐行，僧格林沁诘问："何故反？"张乐行答道："行不好反，官反之耳！"4月5日，张乐行与儿子张喜、义子王宛儿在亳州义门集周家营惨受酷刑而死。临刑时，他大骂叛徒，不许儿子喊痛。

谭嗣同就义前赋诗云："望门投止思张俭，忍死须臾待杜根。我自横刀向天笑，去留肝胆两昆仑。"又有绝命语："有心杀贼，无力回天。死得其所，快哉快哉！"

章太炎16岁那年，受父命参加"童子试"，当时试卷的试题是：论灿烂之大清。考场上非常安静，考生们都在埋头答题。章太炎想起鸦片战争后中国所遭受的苦难……这怎能证明大清灿烂呢？于是把自己的积愤洒于字里行间。不到一个小时，便完成了答卷。交卷后，章太炎正要离开考场，只见主考官拍案而起："你的胆子真够大的啊，竟然……"章太炎非常镇定地说："我之所思，件件合乎当今国人之思；我之所论，桩桩合乎国情之实，何罪之有？"顿时，考场出现了一阵骚乱。主考官无法驳倒他，为了不把事态扩大，令人将章太炎挟出考场。出了考场的章太炎依然镇定自若。

1907年7月6日，徐锡麟刺杀安徽巡抚恩铭后被清军捕获。就义前，他神色自若地说："功名富贵，非所快意，今日得此，死且不悔矣！"

1912年，袁世凯当选为大总统后，利用各种手段试图控制国会。1913年在宋教仁遇刺及大借款案发生后，国会议员对政府提出四大弹劾案，一些省份的议会也对袁世凯的人为宠佞、戕害言论自由提出弹劾，要求其到议会做出解释。袁于是对地方大员大肆行贿，但多数议员正直无私，并不买袁的账。李烈钧做寿时，袁送上200万元作为寿礼并晋勋爵。李毫不客气地拒绝。对此，李烈钧后来说："余思建勋于国家，岂丑类所得诱饵。袁见不能利诱，嫉妒颇甚，欲去余尤急。"

民国初，在昆山花园，一黄包车夫与一外国水手评理。水手坐车，两毛钱车费只付一毛，车夫不服，要他补足，水手回过头来打了车夫一记耳光。路人愤愤不平，同声喊"打！"车夫说："许多人打一个不算好汉，让我一个人来和他干。"说着，只一拳一脚就把水手打翻在地。水手乖乖地付足了车费，溜之大吉。

刘师培经不住富贵利禄的引诱，先变节为清廷密探，后为"筹安会"六君子之一。刘师培曾拉黄侃称说帝制，黄侃声色俱厉地说："如此等事，请先生一人任之。"然后拂袖而去。

胡沁园见齐白石的画上无印，便给他几方寿山石，让他去找刻印名家丁可均刻一方印。齐白石把印送去时，丁可均爱理不理，齐白石把石头放在刻桌上就走了。第二天他去取印，连叫三声“丁师傅”也不见答话，齐白石气了，大声叫了一下，丁才回过头，把那方寿山石往齐白石身上一丢，说：“拿回去磨平再来。”齐白石为这方石磨磨送送已是五次了，他再也忍不住，一气之下把石章拿了回去。当晚，他用修脚刀自刻一方“死不休”印。

“五卅惨案”发生时，教育家孟宪臣正在上海圣约翰大学任教。由于美籍校长拒绝悬挂中国国旗，孟愤而离校，随后创办了光华大学。

蒋百里留日回国后担任保定军校校长，段祺瑞担心蒋“坐大”，故对保定军校百般刁难，要物不给，要钱没有。蒋百里拿着总统批示的条子来提钱，徐树铮在段的纵容下说：“既然是总统批的条子，你就去找总统要钱吧！”蒋百里悲愤交加，星夜赶回保定军校召集全体学员开大会，他哽咽道：“我从来没想到中国的事情太难办了，这里难办，别处也一样难办。我对不起大家……”说完，拔出手枪，对着胸口就是一枪。

1921年，徐悲鸿在法国留学期间，有个外国学生当面挑衅其说：“中国人愚昧无知，生就的当亡国奴的材料，即使把你们送进天堂里深造，也成不了材。”徐悲鸿被激怒了，他说：“那好，我代表我的祖国，你代表你的国家，等学习结业时，看到底谁是人才，谁是蠢材！”

黄埔军校开学不久便成立了特别党部，作为国民党党员的蒋介石很快就以校长、特别党部的名义下达文件，直接指定各党小组长，还规定党小组长每周直接向校长书面报告党内活动及工作情况。被指定的共产党小组长宣侠父对此表示抗议，专门上书特别党部，把矛头直指蒋介石。蒋气极之余，令宣侠父写悔过书，否则将开除出校。宣侠父不但没写，而且在3天后愤然离开了军校。临走时，给同学留言："大璞未完总是玉，精钢宁折不为钩。"

1924年7月，鲁迅到西北大学演讲，讲题为《中国小说的历史变迁》。其间，陕西省省长、军阀刘镇华邀请鲁迅为驻扎在西安的陆军下级军官演讲，目的非常明显，想让鲁迅在演讲中对自己大加赞扬一番，以抬高自己的威信。鲁迅在受邀时指出："我可以向士兵做演讲，但是我要讲的题目仍然是小说史，因为我只会讲小说史。"结果，鲁迅为官兵上了一回小说课，刘镇华的如意算盘落空了。

1927年，"四一二"反革命政变发生后，远在苏联的莫斯科孙逸仙学院群情激愤。当时蒋经国正在该校学习，在一次全校性的声讨会上，他第一个冲上台，振臂用俄语高呼："打倒蒋介石！""打倒反革命蒋介石！"蒋经国因此事在莫斯科大大出名。

1927年4月28日，军阀张作霖在北京京师看守所秘密杀害了李大钊。在此之前，敌人除了用酷刑折磨他外，还对他施以利诱劝降，李大钊慨然作答："大丈夫生于世间，宁可粗布以御寒，蔬食以当肉，安步以当车，就是断头流血，也要保持民族气节；决不能为了锦衣玉食，就去向卖国军阀讨残羹剩饭，做无耻的帮凶和奴才。"

1928年冬，国民政府军事委员会军政厅长、中将严重抛掉所有职务，独自隐居于庐山，在太乙峰下建草庐"劬园"。"劬"者，劳累也。蒋介石曾多次拉拢他，并以高官重爵请他出山，严不但不为所动，还在其草庐的墙壁上贴满标语："不耕而食、不织而衣者皆自然界之扒手，社会之蠡贼也！"

1931年秋，吉鸿昌率团到美国考察。在纽约，吉鸿昌常被人误认为日本人，吉总是郑重严肃地告诉对方："我是中国人！"一听是中国人，美国人的眼里充满了不屑和鄙夷。面对洋人的嘲笑和侮辱，吉鸿昌气愤异常，他亲自做了一块纸牌挂在自己的胸前，纸牌上用毛笔写着"我是中国人"5个大字。

1931年8月17日，因为第三党内部投机分子陈敬斋的告密，邓演达和其他12个第三党干部在上海愚园路愚园坊20号被捕了。被捕后，开始把他们关在静安寺捕房，第二天由捕房引渡到上海警备司令部，同日又秘密押送到江苏第一分院候审。当时蒋曾派人去警告他说，如果你能从此反悔，停止反蒋活动，那么不但可以获得自由，而且还可以坐上南京军政部长这个位置。邓斩钉截铁地答复："愿枪决，不愿反正。"

东北伪满洲国成立4周年的时候，日本华北派遣军司令要致送一份贺礼：由4位书画名家联袂合作的一幅堂屏。溥儒是日方拟邀的画家之一。然而当派遣军参谋长携重金亲至西山邀请时，却遭到了断然拒绝。日军参谋长碰了钉子，非常生气，又不敢发作，于是就把润金留下，拂袖而去。朋友们听说了这件事后，很为溥儒的安全担心，溥儒则毫无惧色，还托人把润金退了回去。大概由于溥儒在艺坛的名声太大，日本军阀也不敢轻易为难他，于是终告无事。

1933年3月，陈赓被国民党逮捕。蒋介石知道陈赓是黄埔军校第一期毕业生中的优秀人才，是难得的军事指挥官，因此想留为己用。于是亲自出马，准备说服陈赓。当初在第二次东征中，陈赓曾冒着危险救过蒋介石的性命。蒋便把这件事挂在嘴边上，装作"知恩报恩，感激不尽"的样子，笑着对陈赓说："你是校长的好学生，我很佩服你的才华。虽然你在政治上犯了错误，但看在我们过去的交情上，我还是能原谅你的。"陈赓清楚蒋的用心，冷冷地答道："谢谢你的好意。不过，我并不需要你这种原谅。"停了片刻，蒋递给陈赓一张纸，皮笑肉不笑地说："只要是肯写几个字，什么事都好商量……""写什么字？""自首……"陈赓猛地一把夺过蒋介石手中的纸，挥笔疾书，一下写满了"打倒蒋介石！打倒卖国贼！"等口号。蒋气得头昏脑涨，连叫道："你这个态度，你这个态度！……"然后命令把陈赓押下去。

1934年，吉鸿昌英勇就义。临刑前，他让敌人给他拿把椅子，他坐在椅子上高声向刽子手说道："我为抗日死，死得光明正大，不能背后挨枪，你在我眼前开枪吧！我要亲眼看着子弹怎样打死我的！"

1935年冬，日军组织重兵"围剿"抗联队伍。在一次战斗中，为掩护部队突围，赵一曼受伤被俘。在监狱里，她受尽了折磨，但从未屈服过。1936年8月2日，日寇将赵一曼绑在一辆马车上押到珠河县枪杀。刑前，日军问赵一曼："还有什么话要说？"赵一曼昂然回答："为抗日斗争而死是光荣的！"

"九一八"事变后，日本为了寻找侵略中国的借口，利用御用文人杜撰"满蒙"在历史上非中国版图之所有。为驳此谬说，傅斯年主持并邀史学界同人，挑灯夜战撰写《东北史纲》，一面驳斥日本指鹿为马的胡说，以正视听；一面让国人了解东北历史，激发国人的爱国激情。同时，他又托人将《东北史纲》的主要部分译成英文，递交给"国联"，迫使"国联"做出了东北三省"为中国之一部分，此为中国及各国共认之事实"的结论。

陈序经在西南联大时，没有参加过任何政治活动。1941年，国民党政府规定，所有在大学中担任行政职务的负责人，校长、教务长、秘书长、院长等都要加入国民党。当这一命令传达到联大后，陈序经破口大骂："什么东西！我就不入国民党！"

1942年春，因叛徒告密，廖承志不幸被捕。在监狱中，他横眉冷对蒋介石的威胁利诱。抗战胜利后，国共两党进行谈判，中共代表团就释放廖承志等人的事一再和国民党交涉。这时，廖承志已被从江西转移到重庆，关在国民党的杀人魔窟歌乐山下面一间不到10平方米的牢房里。蒋介石迫于形势，曾找廖承志谈过一次话，企图引诱他投降国民党。他试探着问："如果放了你，你还是要回到你的组织中去吗？"廖承志气宇轩昂地说："那当然！"蒋介石气急败坏地说："放了你，于公于私都说不过去。"廖承志毫不退让，回答说：“这就是说，如果我不放弃自己的立场，你就不会给我自由了，既如此，还有什么可谈的！”说完，转身头也不回地离开了。

廖承志被关在监狱里时，蒋介石很害怕何香凝去重庆找他评理。何香凝在机场，有人劝阻她上飞机；她要赴重庆，就立刻有人送去巨额支票。何香凝知道是蒋从中作梗，便在支票背面写了两句诗：“画幅岁寒图易米，不用人间造孽钱。”原封不动地把支票交来人退回。

1942年太平洋战争爆发后，香港沦陷。在香港的梅兰芳悲愤不已，沦陷的当天，他毅然留起了胡子。家人为之奇怪，梅说：“我留了胡子，日本鬼子还能强迫我演戏吗？”

抗战期间，有一次马寅初准备在重庆大学商学院大礼堂演讲，台下混进了国民党特务，情况很危险。马老带了女儿和棺材上台。他说：“为了真理，我不能不讲。我带了棺材，是准备吃特务的子弹；带女儿来是让她亲眼看着，特务是怎样卑鄙地向她爸爸开黑枪的，以便她坚定地继承我的遗志。”接着，话锋一转，就针对国民政府的种种腐败状况、四大家族的企业、财产等等算了一笔细账。他大声疾呼：“如今老百姓穷得连饭都吃不饱了，还要这个捐，那个税，我看要捐、要税，首先应该向四大家族开刀！”他的演讲赢得了阵阵春雷般的掌声，混在台下的特务始终不敢下手。国民党当局大为震惊，连连派人去与马老“交谈”，以高官、美金为诱饵，劝他不要再发表此类演说，然而均被马老严词拒绝。逼得蒋介石亲自派人去请马老，说有事叙谈，马老照样拒绝了。

抗战期间，张奚若作为一名“国民参政会”的议员，曾多次在参政会上对现行的政治制度进行激烈的抨击，呼吁政治民主在中国的实现。在受到蒋介石的一再压制后，张一怒之下拂袖退出了参政会，回到联大。当国民参政会再次开会，请他赴渝出席时，他给蒋介石发去了一封8字电文：“无政可参，路费退回。”

1948年夏季的一天，吴晗找到朱自清兴冲冲地说："我找你签名来了。"朱自清当时患了严重胃病，却无钱治疗。因为那时物价飞涨，他全家十二口人吃都不够，哪有钱去治病呢？他看着吴晗，问道："签什么名啊？"吴晗展开折叠的大纸，只见抬头有一行醒目的大字：抗议美国扶日政策，拒领美援面粉。朱自清只看了一眼，便用颤抖的手拿起笔来。吴晗看见朱自清太贫困了，便凑过来说："这次您……""宁可贫病而死，也不接受这种侮辱性的施舍。"朱自清推开吴晗的手，在宣言上一丝不苟地签上了名字。

1948年8月6日，朱自清因胃疼住进北大附属医院，借钱做手术，却被误诊为盲肠炎，等后来发现是胃溃疡时，已经来不及了。8月12日午时，朱自清逝世。临死前，他还不忘叮嘱夫人陈竹隐："我已拒绝美援，不要去买配售的美国面粉。"

解放前，梅兰芳在上海演戏，由于名声响亮，很多富商名流不免想借他的名望笼络人心，牟取暴利。一天晚上，梅兰芳演完戏，到后台卸妆，只见一个衣着华丽的富商，笑眯眯地迎了上来，恭维地说："梅先生艺高绝伦，可贺，可贺。一点意思，聊表寸心。"说着递过来一张一万元的现金支票。梅兰芳接过支票，看也不看，从袋里掏出一盒火柴，随手"嚓"的一声，把支票点燃起来。旁边的人大吃一惊，那个阔佬气得脸色铁青。梅兰芳笑笑说："艺术不是能用金钱收买的，你走吧。"来人无奈地怏怏而去。

1958年5月4日，北京大学举办60周年校庆，陈伯达出席并作纪念讲话。陈冲着坐在主席台上的马寅初，厉声说："马寅初要对他的《新人口论》做出检讨！"马闻听此言，微微扬着脸，望着陈伯达的头顶，一言不发，视若无物。

蒋介石请胡小石为其撰写寿文，胡以"只会给死人写祭文，不会替活人写寿文"为由拒绝。

学道第三

王国维自述其经验：苟考之古事与制度文物以知其时代之情状，本之诗书以求其文之义例，考其古音以通其义之假借，参之彝器以验其文字之变化，由此而之彼，即甲以推乙，则于字之不可识、义之不可通者，必间有获焉。然后阙其不可知者，以俟后之君子，则庶乎其近之矣。

胡琴圣手孙佐臣，早年练功，于严寒时将双手插入雪中，冻得僵硬麻木，才开始胡琴练习，非到手指灵活，掌心涔然汗出不止。

1875 年初春，章太炎 6 岁，其父章浚邀请十余位文人、亲友来家中饮酒作赋。春雨霏霏，情趣盎然，一位与章浚同宗的章老先生乘兴之余，令小太炎应景诵诗一首。小太炎略作思考答诵："天上雷阵阵，地下雨倾盆。笼中鸡闭户，室外犬管门。"

丁日昌幼有神童之誉，20 岁中秀才。但此后连年赴举不第。由于久不得志，愤然赴县衙击鼓鸣冤，高呼："青天白日，饿死秀才！"这件事让惠潮嘉道道员李璋煜知道了，将他招至幕中，从此进入官场。

魏源主张将帅要多读兵书，并对“纸上谈兵”做了新的解释。他说，人们动不动就讥笑研读兵书的人为“纸上谈兵”，殊不知纸上的功夫有深浅之分，如能掌握学习要领，对前人的用兵韬略领会其精神实质，做到融会贯通，那么，遇到战争，就会灵活运用，使“纸上”之功变为“马上”之功。

程潜少年时，学习十分刻苦。夜阑人静，也经常点着油灯苦读。一次，一个盗贼光顾程家，看见程潜正在一遍一遍地诵读《诗经》，正襟危坐，琅琅有声。小偷被少年的抑扬顿挫深深吸引，于是不偷。后来，他对乡人说起程潜：“程家的后生书读得非常认真，将来必有出头之日。”

谢无量10岁时，父亲命其以风筝为题写一篇论说文，他却写了一首《咏风筝》的诗：“儿童心怀巧，剪纸作飞鸢。不是麻绳系，乘风直上天。”

齐白石年轻时是个雕花木匠，那时叫齐纯芝，人称芝木匠。胡沁园见其天赋才气过人，且有刚直不阿的品格，决定收其为徒。胡问他：“你愿不愿意读读书、学学画？”芝木匠回答：“愿意倒是愿意，只是家里穷，年岁又大了，怕学无所成。”胡说：“怕什么！《三字经》里面的‘苏老泉，二十七，始发愤，读书籍’，你才24岁，只要有志气，什么都学得好，我有意收你为徒，你可以在我家一面读书，一面卖画养家。”自此，齐纯芝开始了习文作画的艺术生涯。

华罗庚在父亲的杂货店里利用帮工的空闲时间自学数学，后在《科学》杂志上发表了他的第一篇数学论文——《苏家驹之代数的五次方程式解法不能成立的理由》。一日，清华大学数学系主任熊庆来在办公室里打开《科学》杂志，当看完这篇论文后，他神色凝重地问周围同事：“这个华罗庚是哪国留学生？”没人知道。再问：“他是在哪个大学教书的？”同事们仍然面面相觑。恰好有个江苏籍的教员在旁，突然想到他弟弟有个小同乡叫华罗庚，便说：“这个华罗庚哪里教过什么大学，仅念过初中，听说在金坛中学当事务员。”熊庆来惊讶不已，立即做出决定：“这个年轻人应该请到清华来！”

黄远生是我国新闻史上第一个有地位的记者：参加中国最后一届科举考试，并中了进士。按当时的制度，考中进士的黄远生本可以迅速走马上任当知县，可他却选择了去海外留学。在他的再三恳求下，清朝以新进士的资格派他去日本中央大学专攻法律。黄远生在大学里的表现很突出，不仅成绩名列前茅，而且被教师和同学推举为课堂翻译。

苏步青念小学时，天天背诵《左传》《唐诗三百首》，到毕业时，这两部书已能背诵如流；到中学后，老师不信他能写出作文《读〈曹刿论战〉》，便顺口举出一篇《子产不毁乡校》让他背，小苏步青一口气背完后说：“整部《左传》，我都可以背出来。”

陆费逵6岁随家由汉中迁居南昌，水陆途中历经84天。到南昌后，他就能将沿途所经大小地名依次回答出来，无一遗漏。

谢冰莹4岁识字，两个月后居然背出了随园全部女弟子诗。

洪业庭训时，就能背诵1400多首杜甫诗和30余篇杜甫文，后来在美国写《杜甫传》巨著，全凭记忆所储存，不需再去查找杜甫诗文。

严北溟5岁进私塾，所读《三字经》《千字文》一两遍就能背诵。他后来能背诵唐诗、宋词3000多首。

熊十力10岁时，父亲讲授《三字经》，他一天就背熟了。熊能背诵很多书，他著书立说，案上仅文房四宝，而没有一本参考书。

冯玉祥在常德求学时，十分努力，每日读英文两小时。上课时，关上大门，门外悬一牌，上书："冯玉祥死了！"不准外人进去，课毕始启门除牌云："冯玉祥复活了。"

李公朴幼时非常顽皮，他在私塾里读书，那些小同伴常常叫他为"嫌人"，意思是说他顽皮得讨人嫌。有一次，有个小学生骂他，他跑去告诉老师，让老师叫了那个小学生来问：是说他"嫌人"还是"贤人"？那小学生站在老师面前，很委屈地说是圣贤的"贤人"，因为他不敢承认是在骂人。老师就趁着给他们调解，讲了些故事，说了些道理。两个孩子很受感动，重新做了朋友。

初中毕业证是华罗庚所拥有的唯一一张文凭。1936 年，26 岁的华罗庚到英国剑桥大学留学，他不愿读博士学位，只求做个 Visitor（访问者）。因为做访问者可以冲破束缚，同时攻读七八门学科。他说："我来剑桥，是为了求学问，不是为了得学位的。"

梁启超被学生们尊称为"老博士"，梁闻后说，我还年轻，并没有老。一个学生说，那么称"先秦博士"如何？先生不是正教我们先秦政治思想史吗？梁说，不敢当，不敢当，不过可以加一个"准"字，称"准先秦博士"。

饶余威说："钱钟书上课从不记笔记，只带一本与课堂无关的闲书，一面听讲一面看自己的书，但是考试时总是第一。"

陈登科在 2 岁时，被一个老塾师判定为"只能放猪，不能读书"的孩子。陈并未因此而气馁，参加新四军后，他在仅识几百字的情况下，写了篇报道自己亲身参加战斗的稿子。令他颇受鼓舞的是，他第一次向《盐阜大众报》投稿，文章就被登出来了，虽然全文的 60 多个字中，被编辑订正的错别字就有 34 个。

民国时，章太炎曾一度在湖北主持县长考试。应试的人，大多为清代的读书人，熟读经史。章太炎出了两个试题："宰相出自州郡”“区田荒旱之法”。考生面面相觑，不知出自哪部经典，没法下笔。有一位应试的老夫子，站起来请主考官大人对题目加以解释。章太炎大怒曰：“这样简单的题目还不能作，怎么能做父母官、百里侯，你们自己去想一想！”

毛泽东在湖南一师时，写过一副对联自勉：“贵有恒何必三更起五更睡；最无益，莫过一日曝十日寒。”

顾颉刚出生在书香门第，家教极严。一次，外面下了大雨，顾颉刚借故不想去上课，对母亲说：“今天雨太大了！”母亲回答他：“你不想去吗？就是下铁，你也得去！”

华罗庚在初二那年，读胡适的《尝试集》，他只看了前面的“序诗”，就掩卷不看了。他说：这首诗中的两个“尝试”，概念是根本不同的，第一个“尝试”是“只试一次”的“尝试”，第二个“尝试”则是经过无数次的“尝试”了。胡适对“尝试”的观念尚且混淆，他的《尝试集》还值得我读吗？

1906 年，梁漱溟考入北平顺天中学堂。他的各门功课自学进度皆超过老师的课堂教授进度。他大量阅读课外读物，国文作文成绩经常名列前茅，更因为善做翻案文章，从不落俗套，而深得国文教员的赏识，曾得到“语不惊人死不休”的批语。

蔡元培第一次向北大全校学生演讲时说：“大学学生，当以研究学术为天责，不当以大学为升官发财之阶梯。”还说：“教育是帮助被教育的人，给他能发展自己的能力，完成他的人格，于人类文化上能尽一分子的责任；不是把被教育的人，造成一种特别器具，给抱有其他目的的人去应用的。”

王国维治学的两次转向，由哲学转而文学，又由文学转而古文字学、古器物学、古史，既不全属于倒退，也未尝不是坚持自身学术个性并反省和调整自身的明智之举，其间选择的痛苦与解脱、执着与寂寞心，未尝不造成了他在学术上的“无我之境”，即追求学术本身相对存在的客观价值及长远功用。其言谓：学之义不明于天下久矣。今日言学者，有新旧之争，有中西之争，有有用之学与无用之学之争。余正告天下曰：学无新旧也，无中西也，无有用无用也。凡立此名者，均不学之徒，即学焉而未尝知学者也。事物无大、无远近，苟思之得其真，纪之得其实，及其回归，皆裨于人类之生存福祉。

某西方学者评论辜鸿铭：“这个怪人，谁能跟他比呢！他大概是没出娘胎，就读了书了，他开口老庄孔孟，闭口歌德、伏尔泰、阿诺德、罗斯金，没有一件事，他不能引上他们一打的句子来驳你，别瞧那小脑袋，装的书比大英博物馆的图书还多几册吧？”

末代皇帝溥仪和他的几位先祖一样，有时也喜欢舞文弄墨。他的寻常书画，过去钤印为“宣统御笔”或“宣统宸翰”。到“满洲国”后，常用的印则换成了“所其无逸”“缉熙敬止”“无逸斋宝”等。

潘光旦在清华读书时，因跳高致伤而锯掉了右腿。有一次他问学校代理校长严鹤龄：“我能否出洋？”严回答说：“怕不合适吧，美国人会说中国人两条腿的不够多，一条腿的也送来了！”一位美籍女教师闻之，便打抱不平地说：“他的功课门门总是考第一，他不能出洋，谁还能出洋！”

章太炎说话有浓重的江浙口音，讲国学时，方言古字错综复杂，听者难懂。在武汉中华大学上课时，不得不让学生黄侃做“翻译”。

金岳霖赴美留学之前，曾就如何选择专业向其兄长征询。其兄建议他学簿记学。金岳霖到美国后开始按部就班地学习，后因无兴趣，便改学政治学。就这次更改，金专门致信兄长，说：“簿记学，是雕虫小技。我堂堂七尺男儿，何必学这雕虫技艺。昔日项羽不学剑，就是因为剑乃一人敌，不能当万夫。”

陈寅恪博闻强记。一次，一个学生来问他一个材料，他说，你到图书馆去借某一本书，翻到某一页，那一页的页底有一个注，注里把所有你需要的材料都列举出来了，你把它抄下，按照线索再去找其余的材料。

钟敬文在岭南大学时，与冼星海毗邻而居。一日，冼突然拍着钟的肩膀说："米司特钟，我们可以做一种学问上的交换吗？""交换什么呢？"冼对钟说："你教我学中国古诗，我教你拉梵阿林（小提琴）。"

俞平伯在大学教书时，非常注重文人气的体现。有一次，他在红楼贴出告示：本周没有心得，停课一次。

齐白石未成名时在北京琉璃厂卖画，陈师曾偶识其画便察其非凡，遂雨夜造访。陈在看完齐白石一大箱子的画后说："很有味道！酷似八大、青藤、大涤子，犹如先贤再世……如果稍加变通，定会锦上添花。"陈师曾的这番话，令57岁的齐白石痛下"衰年变法"之决心。

邹韬奋在中华职业学校教英文课时，学生第一次答不出问题，被罚在原位站。第二次答不出，罚上台去站。第三次答不出，罚上放在台上的那张桌子上面站。

沈从文教导黄永玉说："摔倒了要赶快爬起来，不要欣赏你砸的那个坑；充满了爱去对待一切；死死抱住自己的业务，不要放松。"

徐复观到重庆北碚金刚碑勉仁书院拜见熊十力，请教应该读什么书。熊十力让他回去读王船山的《读通鉴论》。徐说他早年已读过了。熊十力很不高兴，说："你并没有读懂，应当再读。"过了些时日，徐复观再去，告诉说《读通鉴论》读完了。熊问："有点什么心得？"徐觉得自己读得很认真很仔细，不免有些得意，说了与书中很多地方不同的看法。还没等他说完，熊十力就怒声斥骂起来："你这个东西，怎么会读得进书！像你这样读书，就是读了百部千部，又能得到书的什么益处？读书是要先看出它的好处，再批评它的坏处，这才像吃东西一样，经过消化而摄取了营养。譬如《读通鉴论》，哪一段是多么有意义，哪一段理解深刻，这些你记得吗？你懂得吗？你这样读书，真是太没有出息！”

闻一多给学生上课，先在黑板上写了一道算术题：2+5=？学生们虽然对此感到非常疑惑，但还是给出了回答：“等于7嘛！”闻一多说：“没错，在数学领域，2+5的确等于7。但是，在艺术领域里，2+5=10000也是有可能的。”为了能更好地说明这一点，他拿出一幅题为《万里驰骋》的国画叫学生们欣赏。只见画面上突出地画了两匹奔马，在这两匹奔马后面又画了五匹马，大小不一，这五匹马后面便是许多黑点点了。闻先生指着画说：“从整个画面的形象看，只有前后七匹马，然而，这幅画给人的感觉就是万马奔腾的景象，这难道不是2+5=10000吗？”学生们听罢，恍然大悟。

郁达夫应福州文化界之邀，做一次学术性的演讲。演讲前，郁先跑上讲坛，在黑板上先写了三个大字：“快短命”。台下的人看到这三个字后，面面相觑，不知何意。隔了约两分钟后，郁才下台发言：“本人今天所要讲的是文艺创作的基本概念，就是这三个字要诀：快——就是痛快，写得快；短——要精简与扼要；命——不离题，词达意。说话和作文都是一样的，如我现在所说的，就是这个原则。不要说得天花乱坠，离题太远，或者像缠脚布那样又臭又长。完了。”

吴宓在清华代理外文系主任时，制订外文系培养学生的目标：（甲）成为博雅之士，（乙）了解西洋文明的精神，（丙）熟读西方文学名著，（丁）创造今日的中国文学，（戊）交流东西方的思想。

张伯苓教育学生说：“在校要认真读书，但不可死读书，只有会玩的人，才能把书读好。”

张伯苓在南开女中毕业典礼训词中说："你们毕业了，将来结婚要相夫教子，要勤俭持家，要为公为国。不可教你丈夫升大官发大财。他升大官发大财以后，第一个看着不顺眼的人就是你。"

陈寅恪说："士之读书治学，盖将以脱心志于俗谛之桎梏，真理因得以发扬。思想而不自由，毋宁死耳，斯古今仁圣所同殉之精义，夫岂庸鄙之敢望。先生以一死见其独立自由之意志，非所论于一人之恩怨，姓之兴亡。呜呼！树兹石于讲舍，系哀思而不忘。……来世不可知者也，先生之著述或有时而不章，先生之学说或有时而可商惟此独立之精神，自由之思想，历千万祀，与天壤而同久，共三光而永光。"

郭绍虞曾问顾颉刚："你写文章何以会写得这么快？"顾颉刚说："我是学梁任公的。"梁氏的文章，尤其在早年，洋洋万言，真可谓才气横溢。顾读梁文，替它另标小题目，先找出它的脉络条理，对于任何长篇都能轻易驾驭，而自己写时，也就井然有序不假思索了。

萧雷南一直对恩师游国恩礼敬有加。他在给学生上课时，先在黑板上写："游先生曰。"然后说："同学们，我是游先生的弟子，你们是游先生的再传弟子。我上课，写文章，凡是引用恩师的教示，必称'游先生曰'。你们今后也要这样，这是我们的家法。"

有一次，冯玉祥将军的侍卫奉命去请老舍先生出来谈话，侍卫去而复返之后，冯氏就问他："你是怎么说的？"侍卫答说："我告诉舒先生，您有话对他说，叫他来一下。"冯氏一听，立刻变色，大声责骂说："'叫他来'这个话你也能说？你应该很恭敬地说，我请他来，问他是否愿意出来谈谈话才对呀！"

李叔同上课时，有同学不遵守课堂纪律，以为李先生并未发现。其实李叔同都知道，但他并不立刻责备。下课后，李先生用很轻而严肃的声音郑重地说："某某等一等出去。"于是某某同学只得站着。等到别的同学都出去了，他又用轻而严肃的声音向这位同学和气地说“下次上课时不要看别的书”或者“下次不要吐痰在地板上”。说过之后他微微一鞠躬，表示：“你出去吧。”

女人也能学画吗？对于这个问题，张大千说：男女的才能并无二致，女人学绘画少有大成就的原因是为别的事分心太多，不能专心绘画造成的。不仅如此，张大千还最反对“三分人事七分天”的说法，这句话应该改成“七分人事三分天”，用功人人能成功。

夏承焘在给学生上第一堂课时，笑容满面地说：“今天我们上第一节课，先聊聊天。你们喜欢之江大学吗？”同学们之间还不熟悉，女生更是胆怯，因而只有很少的学生回答“喜欢”，且声极小。夏先生便说：“要大声地说喜欢。我就非常喜欢之江大学。这儿人情款切，学风淳厚，风景幽美。之江是最好的读书环境。一面是秦望山，一面是西湖、钱塘江。据说之江风景占世界所有大学第四位。希望你们用功读书，将来使之江大学的学术地位也能升到世界第四位甚至更高。”

夏承焘教导学生：“案头书要少，心头书要多。一般人贪多嚼不烂，满案头的书，却一本也未曾用心细读。如此读书，如何会有成就？”

巴金曾反复对萧乾说的一句是：“写吧，只有写，你才会写。”

1939年，由于欧洲战争正打得如火如荼，本已考上了英国伦敦大学的张爱玲无法成行，于是就进了香港大学。她读书非常勤奋，每门功课都是第一，一位教授对人说：“我教了十几年的书，没有给过别的学生似张爱玲这样高的分数。”

汪曾祺1946年到上海，因为找不到工作，情绪很坏，写信向沈从文求助。沈回信说：“为了一时的困难，就这样哭哭啼啼的，甚至想到要自杀，真是没出息！你手中有一支笔，怕什么！”

侯宝林一直想买一部明代的笑话书《谑浪》，然而跑遍了北京城所有的旧书摊也未能如愿。后来得知北京图书馆有这部书，时值冬日，他顶着狂风，冒着大雪，一连18天都跑到图书馆去抄书，终于把一部10多万字的书抄录到手。

老舍某次讲演："青年作家们应该有创造心理，不能模仿。比如说今天人家说'祖国'，我也写'祖国'，明天人家说'大地'，我也写'大地'，这是没有进步的。诸位请看，我老舍的文章里，就没有一个'大地'，也没有一个'祖国'。如经发现，我愿罚银一元。"听众哄堂大笑。

林语堂说："读书，一定要选择与自己兴趣相投的；而且要专心一意地去读，吸收他人著作中的精华；我相信用这种方法，读一本书，抵得过别人读十本书。""至于写文章，最要紧的是写你自己心里的话，要自然，要诚实，不要无病呻吟，不要狂妄浮夸，脚踏实地写去，一定会成功的。"

苏青自幼受到良好的教育，小学毕业就进了著名的宁波中学。这个学校校风很好，教学认真。每到学校的周会日，学校就会把浙江的名流请来讲学。受这种氛围的熏陶，苏青成了一个品学兼优的学生。学校的校刊上，经常发表她的文艺作品，很快她便引起了学校的关注，同学们称她是"天才的文艺女神"。

胡适曾向人们发出这样的勉励：敬爱的朋友们，让我们都学学大海。"大水冲了龙王庙，一家人不认得一家人。""他们"的石子和秽水，尚且可以容忍；何况"我们"自家人的一点子误解，一点子小猜嫌呢？亲爱的朋友们，让我们从今以后，都向上走，都朝前走，不要回头睬那伤不了人的小石子，更不要回头来自相践踏。我们的公敌是在我们的前面；我们进步的方向是朝上走。

南怀瑾能把枯燥无味的古代哲理文化课讲得妙趣横生。据台报报道，成功大学学生最讨厌的课程是三民主义、四书、五经，并把最不受欢迎的讲课者称为“三四五教授”。南先生得知后自告奋勇到成功大学讲四书五经。不到一个月，他上课的教室人满为患，学校只好安排他到礼堂授课。

琦君回忆说：瞿师（夏承焘，字瞿禅）边走边吟诗。有的是古人诗，有的是他自己的得意之作。他（瞿师）说：“作诗作文章，第一要培养对万事万物的关注，能关注才会有灵感。诗文看似信手拈来，其实灵感早在酝酿之中。比如‘松间数语风吹去，明日寻来尽是诗’。看去多么自然，但也得细心去‘寻’呀。”他站在高岗之上就信口吟道：“短发无多休落帽，长风不断任吹衣。”弟子们看着他的长衫，在风中飘飘荡荡，直觉得这位老师有如神仙中人。

梁漱溟常说自己是问题中人：有问题就得思索，就得想；问题未得到解决前，他比什么还要痛苦；他可以不吃饭，不睡觉。他曾对朋友说：“我初入中学时，年纪最小。但对于宇宙人生诸问题，就无时不在心中，想到虚无处，几夜——简直是常常睡不着觉。那时我很憔悴，头发有白了的，同学们都赶着叫我小老哥。”

朱光潜晚年常沿着北大图书馆的那条大道散步。学子们骑自行车经过此地，老远便跳下车来推着走，走过他身后，才复骑车驰去。

刘心武说：我上中学的时候，语文老师教我读叶圣陶的《多收了三五斗》，后来我当了中学语文教师，又教我的学生读《多收了三五斗》，再后来我娶妻生子，不知不觉中儿子高过了我的头，上到中学，有一天我见儿子在灯下认真地预习课文，便问他语文老师要教他们哪一课了，他告诉我：“《多收了三五斗》。”这其实还算不了什么，我的母亲，我儿子的奶奶，今年已经 84 岁了，她就几次对我和她的孙子说：“中学时代读过的课文，一辈子也难忘。我就总记得读过叶绍钧的《低能儿》。”叶圣老就这样用他的文学乳汁哺育着跨越过半个世纪的三代人。

秉正第四

杨味春在禾郡任职时，治理有方，恩威并重，颇受百姓爱戴。朝廷知其贤名，升其为巡警道。卸任当日，百姓惋惜不已。杨味春走后，满人英霖继任，此人非但不懂政事，而且跋扈专权，待属吏尤为刻薄。曾有人写对联戏称："杨大人多福多寿，英小鬼绝子绝孙。"

魏源对清军将领的腐败无能深恶痛绝，强调指出"兵无强弱，强弱在将"，有了智勇双全的将领，"就能一人学战，教成百人，百人学战，教成千人"，把整个部队带动起来。他反对那些趾高气扬、庸碌无能和浮滑取巧的纨绔子弟充当统兵将领，主张从部队中考核选拔那些技精胆壮、奉公守法、善于管理部队和懂得用兵韬略的人，分别担任初级、中级和高级指挥官，借以提高部队的战斗力。

1888 年，李鸿章吹嘘北洋海军的力量已经很强大了，能够保卫渤海门户，于是奏请太后、皇上御驾亲临津门检阅，然而太后却下旨派醇亲王和总管太监李莲英代表朝廷莅津检阅。朝中有位御使为此上了一本奏章说："总管太监李莲英，随醇亲王奉旨赴天津阅兵，将恐遭玄宗宠臣为监军而使唐亡之覆辙。我朝家法严驭宦侍，世宗（雍正）宫中立铁牌，昭为法守；圣母太后垂帘，安德海假公出京招摇处以斩罪，是以纲纪肃然。而今夏巡阅海军，李莲英随醇亲王并驾齐驱，莅临天津，百姓纷纷议论，谅官廷当道有不得已之苦衷，非廷外小民所能喻也。然而，阅军大典，今阉宦厕乎其间，将何以肃军纪而维体制？从古阉宦，巧于逢迎，而昧于大义，结党营私，拨弄是非，在官廷之内，售其小忠小信，窃取作威作福之柄，我皇太后、皇上明目达聪，岂能受李莲英之欺骗乎？”

袁世凯任吴长庆将军部下时，有一名武官殴伤了韩国人。袁世凯擒武官准备杀之，吴将军求情希望可免除死罪。袁世凯佯装答应，取案上图书让将军阅览，自己偷偷出去杀了武官，然后进屋请罪。将军说：“执法就应该像这样。”从此，将军一直告诫在营中做事的亲族，说：“不可犯法，如若犯法，袁廷尉定不会饶恕。”

1898 年，维新人士在上海创办的“务本女学”和“经正女学”等学校是中国近代最早设立的女子学校。维新人士大力提倡兴办女学，认为女子求学是妇女独立的必由之路。康有为专门指出：“无专门之学，何以自营而养生；无普通之学，何以通力而济众；无与男子平等之学，何以成名誉而合大群，何以充职业而任师长。”

刘晦之在新闸路上开了一间小校经阁，他把自己历年收集的龟甲骨片，请人拓出文字，集为《书契丛编》二十册，托人交予郭沫若，郭据此编撰出在甲骨文史上具有历史意义的《殷契粹编》。在该书的序中，郭写道：“此均赖刘氏搜集椎拓之力，得以幸存，余仅坐享其成，自无待论。”

胡适在 1922 年时曾讲过这样一段话：“整治国故，必须以汉还汉，以魏晋还魏晋，以唐还唐，以宋还宋，以明还明，以清还清；以古文家还古文家，以今文家还今文家；以程朱还程朱，以陆王还陆王……各还他一个本来面目，然后评判各代各家各人的义理与是非。不还他们的本来面目，则多诬古人。不评判他们的是非，则多误今人。但不先弄明白了他们的本来面目，我们决不配评判他们的是非。”

1926年11月，厦门集美大学校长叶渊邀请鲁迅来校演讲。办学方针趋于保守的叶，自知鲁迅是一位“思想前进的文人”，为了不让鲁迅说出与自己相左的观点，他先请鲁迅吃了点东西，然后才把他带进礼堂。但鲁迅登台就讲道：“我在厦门的时候，听说叶校长办学很拘束，学生极不自由，殊不敢加以赞同。……刚才叶校长又请我吃面。吃了人家的东西，好像要说人家的好话，但我并不是那样的人，对于叶校长办学的方法之错误，以及青年身心的发展，和参加社会的活动之必要等等，我仍旧是非说不可的。”

1927年1月23日，鲁迅应广州世界语言学会邀请前往演讲。一位姓黄的组织者为了能让鲁迅应允演讲，对鲁迅恭维了一番，说鲁迅在北京时就曾极力提倡世界语，鲁迅连忙否认，说那不是他，而是周作人。第二天开会，黄登台致辞，说鲁迅为提倡世界语做出了很大的贡献，即请鲁迅演讲，而鲁迅一登台就又声明那不是他，而是周作人。

鲁迅曾应邀去广州中山大学演讲，在进校门时，由于不修边幅，被门房赶了出去。鲁迅并不在意，转身就走。到演讲的时候，校方久等鲁迅不到，就去问门房。门房说：“没有鲁迅这个人到来，只是有个不像样的人来过，已经把他赶了出去。”校方知道鲁迅是蓬头布衣的，想到那人一定是鲁迅，于是立刻到处找，竟在附近的豆浆摊中找到了他，他正在蹲着吃豆浆，于是道歉之后，把他请回讲台。他一开口，就大讲广州，说这里是革命的策源地，怎么糟糕到如此？自然，他所讲的是整个广州的社会现象，而不是被赶走的这点小事，于是大家只好听着他骂，并且以为他骂得对。

陈独秀说：“鲁迅先生的短篇幽默文章，在中国有着空前的天才，思想也是前进的。在民国十六七年，他还没有接近政党以前，党中一班无知妄人，把他骂得一文不值，那时我曾为他大抱不平。后来他接近了政党，同是那一班无知妄人，忽然把他抬到三十三层天以上，仿佛鲁迅先生从前是个狗，后来是个神。我却以为真实的鲁迅并不是神，也不是狗，而是个人，有文学天才的人。”

冰心在燕京大学任教时，曾在课堂上问学生：“余之文艺创作何如某某与某某？”良久未有人答。她又再三发问，吴世昌始站起来说：“弟子认为先生幸而生为女性，始能成为女作家之翘楚。然而，小说全面描写之深刻辛辣，先生不及鲁迅远甚；至于新诗方面之隽永超逸，先生亦逊于徐志摩。”

陈寅恪外表看上去好像是一个文弱书生，但他却能坚持原则，不轻易迁就。在清华大学的一次硕士考试中，吴宓先生为了一个微小问题决意否决一个学生的及格，陈不惜据理力争。又有一次在中央研究员的评议会上，有一个不合理的议案，寅恪先生独仗义执言，直至该议案取消。

潘光旦当教务长时，安徽省主席刘振华有两个儿子要求来清华旁听。潘拒绝道：“承刘主席看得起，但清华被人瞧得上眼，全是因为按规章制度办事，如果把这点给破了，清华不是也不值钱了吗？”

傅斯年是知识分子中少有的敢在老蒋面前跷起二郎腿说话的人，他在一份关于蒋介石欲为孔祥熙（中央银行国库局案）说情的绝密文件上勾出要害处，并在“委座”的名侧大笔一挥批道：“不成话。”

马寅初在浙江省财政厅任职时，一日，一个陌生人找到他家。马老不在，那人对在马家打杂的老潘说：“老兄，我是德清县来的，有桩事想请你帮帮忙。这300块银洋给你吸烟，这2000块银洋是送给马先生喝茶的。小弟被提名为县长，报到省里已一个多月，至今尚未批下。马先生德高望重，又与批放县长的某君是莫逆之交，望老兄在马先生面前美言几句，请他帮我在某君处催一催。倘若事成，定当重谢。”话一说完，即告辞而去。马老回来，老潘如实禀报。不等他讲完，马老已眉头紧锁，大声骂道：“真是无耻之极！这像蚊子叮菩萨——找错了人。这种人，今天用2300块银洋来打通关节，万一当上县长，一定也是一个贪官污吏，单凭这一点，他就没有资格当县长。老潘你千万牢记，今后绝不能收这种臭钱，你马上把这笔钱如数还给他。”

50年代初留英归来的物理学教授王竹溪（杨振宁在西南联大时的老师）到山东大学讲学，讲座中途，束星北走到讲台上说：“我有必要打断一下，因为我认为王先生的报告错误百出，他没有搞懂热力学的本质。”接着捏起粉笔一边在王先生写满黑板的公式和概念上打叉，一边解释错在哪里，一口气讲了大约40分钟，而王竹溪一直尴尬地站在一边。

傅斯年接任台大校长后，有人在报上发表文章指控台大“优容共产党”，说某某把院系变成亲共势力的温床。傅斯年则针锋相对地在报上批驳说，“我不是警察，也不兼办特工”，反对肆意在师生中搜捕共产党。

傅斯年对部属管理甚严，大学毕业生到研究所，先关门读三年书，第四年才准许发表文章。一次，他发现一位年轻助研冬天好晒太阳，不刻苦。某日，他有意堵在门口，不让其出门，不客气地说：“你昨日已晒够了。”

齐白石晚年变法，以画虾名闻天下。老人以卖画为业，曾出一告白：“白石画虾，十两一只。”人们熟知老人一生克俭，求画时从不讨价还价。一次，有个乖巧人拿了35两银子，向老人购画，自以为得计，必有赚头。待他回家打开画时，只见3只虾和几株水草，细一看，还有半只虾隐在水草之中，只见虾尾，不见虾头。

成舍我不苟言笑，从小就对子女要求十分严格。子女长大后，他却实行“三不干涉”政策：一不干涉子女的政治倾向，二不干涉子女的职业选择，三不干涉子女的婚姻家庭。

1960年，周总理到河北省农村调查。一天早晨，总理正在一个农民食堂察看，遇到一位妇女，她一手抱着孩子，一手提着个泥罐，等着打饭（玉米面煮菜汤）。周总理走上前去询问这位妇女，农村办这种食堂好不好？谁知这位妇女二话没说，怒气冲冲地指着总理大声喊：“都是你们上边让下边这样瞎搞！用不了多久，我们这些农民都要饿死！到时候，你们这些人也得饿死！”周总理虽然不断地安慰她，但自己心里十分难过，也很受震动。事过之后，当地公安机关以这位妇女在周总理面前公开攻击食堂化为由，要拘留审查她，总理得知后，立即指示公安部门不准拘留这位妇女。他说：“她对我讲的是真心话，反映了群众对农村搞食堂化的意见，这没有罪嘛！”

陈毅与白杨谈到电影，陈说：“我憋了好久喽，没得机会说。你们电影里演的那些领导干部，我一看就有气，他一出场就把手背在身后，说话装腔作势，总是端着个架子。”他站起身又接着说：“只会板起面孔训人，专整人家的思想，自己就没有思想问题？也没有感情，不通人情?!共产党的领导干部总像这样，还了得，打起仗来谁来掩护你呢！”

人如其论，论如其人。赵元任的不偏执还表现于对民族音乐建设的看法。比如讲到共性与个性、西乐与中乐：“……算学就是算学，并无所谓中西；断不能拿珠算、天文什么跟微积函数等等对待；只有一个算学，不过西洋人进步得快一点……可是只要有相当的人才——中国还少了人吗？——在很短时期内就可以有人站在世界上做中国的代表的。要是中国出了个算学家，他是中国人算学家，并不是‘中国算学’的专家。这是讲算学，一个人在这上头要找国性发展的可能，那是很少的。至于音乐上，国性跟作者个性发展的可能就多好些了……我并没有一点什么消极的主张，说不要这个，不要那个。我所注重的就是咱们得在音乐的世界上先学到了及格程度，然后再加个人或是中国的特别风味在上，作为个性的贡献。”

冯友兰在《我在北京大学当学生的时候》中写道：在十年动乱以前，北京大学校长路平提出了一个办北京大学的方针：继承太学，学习苏联，参考英美。大动乱开始以后，他的这项方针受到批判，成为他的罪状之一。当时我也说过，北京大学的校史应该从汉朝的太学算起。我不知道路平的方针是不是受我的影响，也很可能是出于他自己的创见，不过，当时的批判，并没有涉及到我。我所以认为北京大学校史应该从汉朝的太学算起，因为我看见，西方有名的大学都有几百年的历史，而北京大学只有几十年的历史，这同中国文明古国似乎很不相称。

某次，皮定均将军至张掖视察地形，途中山穷水恶，颓垣破屋。将军命司机驱车进山。见有外人来，山民纷纷聚众围观，皆破衣烂衫，一名十几岁的女孩衣不蔽体，将军脸色阴沉地问地委书记：“为什么不穿衣服？”地委书记回答说：“她是傻子。”将军下车进山民家，屋里的妇人全都盘腿坐在炕上，无一人起立迎接。见有人来了，立刻用手将衣襟拼命往下拉，没有人穿裤子。将军极为不悦，质问地委书记：“看到了没有，你们这里的女人没有裤子穿！”地委书记回答说：“这里的老百姓就是这个习惯。”将军大怒：“你家的女人有没有这个习惯？”书记讷讷无言以对。

马幼渔在担任北京大学中国语言文学系主任时，家中有人想报考北京大学。一次，家人在马幼渔面前自言自语说：“不知道今年国文会出什么题。”马幼渔听到后，训斥道：“混蛋，想叫我告诉你考题吗？”

第五 专致

胡雪岩自幼家境贫寒。在钱铺做杂役的时候，由于办事勤快，机灵善变，太平军进攻杭州时，候补道王某将10万两白银托付他保管。胡雪岩立刻用这些银子买谷20万石，储藏在衢州府。1862年，太平军率部逼近衢州，左宗棠率湘军来援。到衢州后，军粮不济。胡雪岩拿出所有的20万石谷接济。左宗棠深为赞赏，提胡雪岩为左军粮台。清军攻陷杭州后，将领们掠夺来的数百万两银子都存放在胡处，胡以此作资本，在各市镇设立商号，获利丰厚。没几年，家资逾千万，富甲天下。

戊戌变法失败后，光绪被西太后软禁在瀛台，唯一的消遣娱乐就是听外国进贡的八音琴盒。一日，光绪闲来兴起，将八音盒拆卸开来，由于没有工具，无法安装复原，便传专门给宫里修钟表的万珍斋的老板张雪岩来修。张雪岩来了后，光绪拿出一张图纸对他说："你按照我画的图纸把这个琴盒装起来，不要按原样装。"张雪岩接过图纸仔细看了一遍，这张图画得很清楚，把琴盒里原来的机轮的位置和距离都改变了。他虽然莫名其妙，但还是依照圣上的意思，一丝不苟地按照图纸把琴盒装好。当他上满发条，打开盒盖后，顿时目瞪口呆。原来八音盒里传出的已不是外国乐曲，而是道地的中国昆曲了。

肃亲王善耆任民政部尚书时，勤于政事。当时，赌风甚嚣尘上，从王公贵族到贩夫走卒皆乐此不疲。善耆曾亲自督警，四处搜索。载振、载抟等日日混迹赌场中，善耆大怒，探明赌窟所在后，趁夜深人静，率巡警径直抓捕。到赌窟后，只见男女老幼，接踵相连，王公卿相，夫人小姐，优伶娼妓，一应俱全。众人见善耆到了，个个面如死灰，抱头鼠窜。更有两名无赖洋人，举枪对峙，善耆富腕力，举手执之，命巡警将其押送本国使馆法办。一时间，善耆被呼为“拿赌大王”。

童年时的章太炎不喜嬉耍，却对书非常痴迷。一日，小太炎在天井里专心致志地看书，天色渐暗，气温转低，其长嫂怕他着凉，唤他进屋添衣。太炎勉强进屋添衣后，仍回到天井借光读书。殊不知竟穿上了长嫂的一件“花马甲”，众人见他这副模样，忍不住大笑起来。而太炎却根本没有察觉，抬起头问家人笑什么，众人越发乐不可支。

张百熙“爱才如命”，出任京师大学堂第一任管学大臣后，请桐城派大家吴汝纶当总教习。吴以年事已高，不肯应聘。一而再，再而三，张百熙竟然当场跪下，非要吴汝纶答应不可。吴虽答应了当总教习，但要求先到日本考察。不幸的是，他从日本考察完归国后，便一病不起，不久于人世。

章士钊 1904 年到日本留学，埋头读书，不再热心革命，连同盟会也不肯加入。章太炎、张继等相继劝说，皆无功而返。有人出主意说章士钊喜欢一个新近来日本的美女，而这个美女恰好很倾向革命，不如让她去劝劝试试。此美女即当年淮军名将吴长庆之嫡孙女，清末四大公子之一的吴保初的掌上明珠吴弱男。结果，吴弱男不仅没劝动章士钊，反而把自己搭了进去，从此成了章士钊的枕边人。

候补同知彭翼仲，在光绪三十年时辞官办《京话日报》。办报的前半年，赔得一塌糊涂。彭翼仲只好抵押房产，并找亲家借钱。重新添置了印刷机后，将每份报从四版增加到了六版。到年底，仍然是赔。为了还债，彭翼仲提笔给故人写信，希望能借二百两银子渡过难关。信送出后，彭翼仲忐忑不安，忍不住落泪。他抓起一把刀，在墙上刻了八个字：子子孙孙，莫忘今夕。写罢持刀坐定，只等来人报一声没钱即自杀殉报。不久，院门被凿得山响，下人郭四边跑便扯着嗓子高喊："二老爷，吴老爷的钱借得了！"于是渡过危机。

恽震少年时曾收藏有袁世凯就任大总统时的宣誓词。他的兄弟问他为什么要如此认真，他说："我要看他将来能否真的忠于誓言。"

孙中山讨伐袁世凯失败后暂避日本。孙的一些追随者中有人想知道孙的出生年月日时，想以此卜算孙的命运何时好转。孙闻知后说："你们青年人怎么这么迷信，难道我的'八字'不好，你们就不革命了？告诉你们，我的'八字'就是'打倒军阀，继续革命'。"

闻一多结婚的那天，洞房内张灯结彩，热闹非凡。大清早亲朋好友均来登门贺喜。可是眼看着迎亲的花轿就要到家了，却到处找不到新郎，大家急得东寻西找，结果竟在书房里找到了他。他仍穿着旧袍，手里捧着一本书读得入了迷。

夏丏尊教国文的时候，正是"五四"将近。学生们以往作惯了"黄花主人致无肠公子书"之类的文题后，夏突然叫他们作一篇"自述"。而且说："不准讲空话，要老实写。"有一位同学，写父亲客死他乡，他"星夜匍伏奔丧"。夏先生苦笑着问他："你那天晚上真个是在地上爬去的？"引得大家发笑，那位同学脸孔绯红。又有一位同学发牢骚，赞隐遁，说要"乐琴书以消忧，抚孤松而盘桓"。夏先生厉声问他："你为什么来考师范学校？"弄得那人无言可对。

俞平伯给学生讲授诗词，每每自己先唱读。每唱完一首，自己先赞道：“好！”沉吟半晌无语，学生想要知道其所以好，俞先生已开始唱读第二首，唱毕，又由衷赞道：“好，真好！”沉迷其中，学生欲知如何好法，终不可得。

李叔同在担任《太平洋报画报》主编的时候，刊发了许多令人耳目一新的作品，如苏曼殊的《断鸿零雁记》。画报停办后，旧友经亨颐聘他赴杭州出任浙江两级师范学校图画音乐教员，他欣然接受，但又提出了一个要求，即必须给每位学生配备一架风琴。时任校长的经亨颐以经费拮据、市面缺货为由，想把这件事推托过去，李叔同则答“你难办到，我怕遵命”，硬是逼经亨颐乖乖就范。

《国民日报》停刊后，苏曼殊与陈独秀、章士钊、何梅士四人仍然在一起租屋居住，但此刻大家的心境已不尽相同，往日的欢乐少了，更多的是沉闷抑郁。此时的曼殊对这样的环境已极不适应，天天嚷着要离开上海，无奈同室几位挚友执意相阻。为了能够离开，曼殊煞费苦心，最终施以小计：他邀请陈独秀、章士钊、何梅士一同去看戏，在戏刚开演不久，他即起身说忘带钱了，坚决要回寓所一趟，他十分认真地说：“今天看戏是我发起的，应该我请客。我是一定要回去拿钱的。”众人拗他不过，只好让他回去。结果这一去，就再也没回来。陈独秀他们等不到人，就回到了宿舍，结果在宿舍，他们发现了苏曼殊留下的一封信：诸兄惠鉴……小弟不告而辞了。出此下策，实在不得已而为之……

张恨水同时为五六家报纸写长篇连载。每天晚上9点，约稿的人排着队等在门口，张低着头在特制的折叠成一摞的稿纸上奋笔疾书，几千字一气呵成。五六篇文稿各交来人，各篇中的人物从不会“打架”，前后也不会矛盾。

黄侃在北京大学主讲国学之际，终日潜心“国故”，常废寝忘食。一次，友人登门拜访。进门见黄侃一手持馒头欲吃又止，一手捧书，知其正在认真读书，于是坐在一旁，静静地等候。忽然，“啪”的一声，友人大吃一惊，原来黄侃在读到精彩的地方时，用手猛击了一下桌子，然后再将馒头蘸进朱砂和墨汁盒后放入嘴里，把自己弄成了一个大花脸。

张伯苓认为中国有五大弱点，即愚、弱、贫、私、散。为此，张制订如下教学方针：增强学生体质；教育学生以现代科学知识及方法；训练学生使之有组织及参与群体活动的能力；教育学生有道德修养；训练学生有本领为祖国效力。

成舍我最初在北京办报，赤手空拳，集社长、记者、编辑、校对、工友于一身。印刷厂是租的，机器房外一间小屋就是编辑部，也是他的卧室，几张椅子拼起来就是“床”。身上穿的，夏天是一件蓝布长衫，冬天是一件挡不住北方寒风的棉袍。几个烧饼就过一天。半夜看完大样后，机器轰轰振动，他在“床”上酣然睡去。机器老旧，常有故障，机器声音一停，他即自然惊醒，与机器似成一体。

20 世纪 20 年代，有一位名叫筱月山的女武生，活跃于济南舞台上。她体形较胖，演《铁公鸡》之张嘉祥，斜露半边膀子，气势慓猛，翻打扑跌，无所不能。“开打”时真刀真枪，惊险非常。

梁实秋上课，口操英语，却总是长袍马褂，千层底布鞋，叠裆裤子还要绑上腿带子，土气十足。初次上课，时髦的男女学生往往窃笑，他也不在乎。外观上的不协调，并不妨碍梁授课的效果。在北师大，有一次讲 Burns（罗伯特·彭斯）的一首诗，情思悱恻，一女生泪下如雨，讲到惨怛处，这女生索性伏案大哭起来。

吴素秋以演花旦著称于世，但她 7 岁学艺时却是从武生开始的。当时吴素秋虽然身体瘦弱，但有坚强的恒心和毅力，每天坚持下腰、压腿、劈叉。后来又练跑冰地、站竖砖、站缸边和练刀、枪、剑等多种器械。

著名琴师赵济羹欲去上海演出，没想到琴上蒙的皮子竟然不出声音了，于是他去找史善朋。史善朋翻遍箱子亦未找到一块合适的好皮，便把原来的那块揭下来用开水泡开，又蒙第二次。史善朋告诉赵济羹："北京使差点，到上海正合适。"赵济羹从上海回来，一进门便作揖说："果然不错。"之后，其他京剧界的琴师也都相继让史善朋做琴。

史量才曾说："国有国格，报有报格，人有人格。"在他看来，报纸是民众喉舌，除了特别势力的压迫以外，总要为人民说些话，才站得住脚。

时任同济大学教授、上海商学院教授和正始中学校长的陆澹庵，多才多艺，桃李满天下。他曾写过学术著作《诸子末议》《古剧备览》《小说词语汇释》；与洪深一起创办过电影讲习班，胡蝶等明星即出其门下；还曾编写过京剧脚本《风尘三侠》，指导过著名旦角绿牡丹；甚至也写过武侠小说，播扬一时的《游侠外传》《百奇人传》等，均出自他的手笔。

杨小楼曾在《长坂坡》中饰赵云。在一场刘备率军民撤退，在某地宿营的戏中，刘备与赵云对白，当刘说到"你看秋末冬初，寒风透骨，好凄凉人也"时，赵云曰："主公且免愁怅，保重要紧。"杨小楼每次演出念到这句都会获得全场彩声。

一次，谭鑫培演出《黄金台》，他扮齐相田单，因上台匆忙，忘了戴帽子。观众正瞠目结舌，只听谭鑫培念起定场白："国事乱如麻，忘了戴乌纱！"观众皆笑。

钱智修任商务印书馆《东方杂志》主编 20 年，每期出版前，清样必带回家校核，然后才签字付印。

徐悲鸿创作过一幅《田横五百士》的作品。该画长约 9 尺，宽4尺多，取材于战国时期田横辞别海岛五百壮士的壮烈故事。1936年7月5日，广西第一届美术节展览会开幕，在展厅中，《田横五百士》赫然在目。当时的广西民政厅长雷殷在欣赏这幅画的时候，忽然发现画面上送别的人群中有一位英姿勃勃的壮士，其容貌、神情都很像作者。他禁不住笑着问徐悲鸿："徐先生，这不是你吗？"徐悲鸿笑着答道："我钦敬五百壮士的忠义气节，所以把自己画了进去。"

熊十力在论学时往往意气风发，情不自禁。有一次他与张东荪论学，谈得兴起，一掌拍在张的肩上，张逡巡后退。

吴锡泽到《文史》杂志社时，顾颉刚任社长。李长之有一篇文稿，长达一万二三千字。顾看后对吴说，此稿可缩成七八千字。结果文章删削后一刊出，李长之大为光火，写信大骂顾颉刚。顾回头淡淡地对吴锡泽说："我们果然被骂了。"吴问怎样骂法，顾不肯说。过了一会儿，又淡淡说一句："他说我们让他的文章失去味道了。"接着又说："我们还是继续照我们的办法做下去，他至多是以后不来稿而已。"

林语堂对什么事都感兴趣，而且事无巨细都有自己的一套理论，往往滔滔不绝地讲给自己的孩子们听。1936年，林语堂举家从上海搬到美国后，没有用人，家务都得自己做。林对擦皮鞋很起劲，他曾站在路上仔细观察擦皮鞋的黑人小童，看他们是怎样擦皮鞋的，然后再回家教孩子们。林在鞋上抹油，用条软布劈劈啪啪地擦，手势就像街口的小童一样，擦出来的鞋和小童的不相上下。为此，林语堂颇为得意。

赵丹是个博闻强识的人，他能把别人或自己演过的戏，在几十年后叙述得一清二楚，描绘得活灵活现。可是，一离开舞台和银幕，他这种惊人的记忆力似乎立即不复存在，甚至最普通的事物也经常糊里糊涂。他的儿女们在他外出工作时，总要开玩笑似的提醒他：“爸爸，侬姓啥名啥？”“阿拉姓赵名丹。”“侬有几多岁了？”“我，我搞不清爽了。”“侬住在啥地方？”“××路1723，不，不，1273，不，不，1327弄？……”

在我国京剧大师梅兰芳演过的戏里，有不少女人吃惊的细节。为了演好这一细节，他呕心沥血，反复琢磨。有一天，他回到家里，看见妻子正聚精会神地整理衣服。他灵机一动，随手抄起身旁的一只兰花瓷盆，狠狠往地上一摔，“啪”的一声巨响，瓷盆粉碎。妻子惊恐地一回头，就在这一瞬间，梅兰芳准确地捕捉住了妻子的神情。后来，他根据当时妻子的表情反复练习，穿插进戏里，把人物刻画得更加活灵活现。

王国维说：“词以境界为最上；有境界，则自成高格。有造境，有写境，此理想与写实二派之所由分。然二者颇难分别，因大诗人所造之境必合乎自然，所写之境，亦必邻于理想故也。”“有有我之境，有无我之境。有我之境，以我观物，故物皆着我之色彩。无我之境，以物观物，不知何者为我，何者为物。”“无我之境，人惟于静中得之，有我之境，于山动之静时得之。故一幽美，一壮美也。”

胡乔木曾高度评价施蛰存的《唐诗百话》，但对书中所说的孟浩然所作“都是五言诗”持异见。他说，《全唐诗》就有孟浩然的七律、七绝，很可能是校对有误，在“都”字前面漏了一个“大”字，“大都是五言诗”，就可以了。

季羡林回忆道：我同一群学生去旁听冰心先生的课。她当时极年轻，而名满天下。我们是慕名而去的。冰心先生满脸庄严，不苟言笑。看到课堂上挤满了这样多学生，知道其中有“诈”，于是威仪俨然地下了“逐客令”：“凡非选修此课者，下一堂不许再来！”我们悚然而听，憬然而退，从此轻易不敢再进她的课堂。

在废名那里，梦的世界有意低回："我感不到人生如梦的真实，但感到梦的真实与美。"废名还说："中国人生在世，确乎是重实际，少理想，更不喜欢思索那'死'，因此不但生活上就在文艺里也多是凝滞的空气，好像大家缺少一个公共的花园似的。……李商隐诗，'微生尽恋人间乐，只有襄王忆梦中'，这个意思很难得。中国人的思想大约都是'此间乐，不思蜀'，或者就因为这个原故在文章里乃失却一份美丽了……读庾信文章，觉得中国文字真可以写好些美丽的东西，'草无忘忧之意，花无长乐之心'，'霜随柳白，月逐坟圆'，都令我喜悦。"

吴继传被人称为"虫圣"。他曾在诗中写道："一叶知秋送秋声，蟋蟀叫入人心中。暂忘世俗诸琐事，专爱人间第一虫。"

"文革"时，束星北在青岛医学院接受改造。在打扫教学楼的厕所、清洗实验室的器皿的同时，他还修遍了山东省所有的地方和部队大中型医院的设备：X光机、心电图仪、脑电图仪、超声波、同位素扫描仪、冰箱、保温箱、电子兴奋器、电子生理麻醉仪、胃镜等，多至无法计算。

忠贞 第六

1841年，林则徐被发配新疆伊犁。途经酒泉时，听到清政府签订《南京条约》的消息，痛心疾首，深感国事艰难。林在致友人书中说："自念一身休咎死生，皆可置之度外，惟中原顿遭蹂躏，如火燎原……侧身回望，寝馈皆不能安。"并赋诗哀叹："小丑跳梁谁殄灭，中原揽辔望澄清。关山万里残宵梦，犹听江东战鼓声。"

1841年8月，英军攻陷定海，继而攻破镇海。陈化成闻讯后悲痛欲绝，对部属说："武臣死于疆场，幸也，汝曹勉之。"同时，他还在一信中写道："英夷到处猖獗，已破虎门、厦门、定海，势必窥吴淞。陈某海上攻战四十余年，风涛素习，严兵戒备。如夷来，必能破之，以振军威。设事机不测，亦必以死继之。"

曾国藩攻占南京后，势如破竹。有人劝其反清自立，曾国藩怒斥其意，并解散所部湘军。他对劝者一再表明，自己无问鼎之意，并写下"倚天照海花无数，流水高山心自知"的诗句以明心志。此后，朝中每当有事向其问及良策时，他都会竭尽全力。而对于朝廷大员人选的问询，他往往点到为止，从不僭越。

1884年6月，张之洞由海路抵达广州。早在1883年，张之洞上奏称：“今日法越之局，惟有一战”。他请朝廷早下抗法决心，并提出了具体的方针，诸如“务持久”“防津”“防烟台”“防粤”“防江南闽浙”“备军火”“速文报”等。为了加强广东防务，他积极地筹划战守之备，并劝谕地方绅民举办团练；又与广东巡抚倪文蔚、在粤的钦差大臣、兵部尚书彭玉麟等人巡阅各海口。

刘锦棠虽是独当一面的封疆大吏，然而对升官晋爵并不感兴趣。伊犁收复以后，刘多次以祖母老病和自己患脚疾为由，申请开缺回乡。但是，当他听说法国侵略军占领越南袭击谅山，威胁广西、云南的消息后，“不禁积愤填胸”。1884年8月21日，刘锦棠上了一道“请率师与法夷决战”折，“请旨率师东下，与之决战，以纾积愤”，并且表示，“臣之脚疾虽迄未痊，而当国家有急，当奋不顾身”。在奏折中，他对敌我力量进行了认真分析，认为只要坚决抵抗，无论陆战、海战，都有把握取得胜利，要求准其自募6000人东下赴越，抗击法寇。然而清廷已经决定妥协，断然拒绝了他的请求。9月13日，刘锦棠又上奏请战，再次要求奔赴抗法前线，并且说明这样做只是为了报效国家，而并非邀功请赏。清廷又未准允。

左宝贵“知势已瓦解，志必死”，乃先期沐浴，身着御赐衣冠、黄马褂、珊瑚顶，登陴督战，往来指挥。部下劝他将头上翎顶摘下来，以免暴露自己，他坚定地回答：“吾服朝服，欲士卒知我先，庶竟为之死也。敌人注目，吾何惧乎？”他亲自指挥一门重炮向敌人还击。在激烈的战斗中，左宝贵腿上中一弹，据一位亲历这场战斗的哨官回忆：“他很敏捷地用一块布将伤口裹好以后，站起来继续鼓舞士兵作战。”他亲量大炮准星，手燃大炮，左右轰击，先后“手发榴弹巨炮三十六弹”。营官杨建春（左的表弟）见城上危险，欲挽他下城稍避，遭拒绝。这时，颈部又被流弹击中，他强忍剧痛，决心临阵死节。突然一颗炮弹又击穿宝贵的肋下，血流如注，“受伤堕地，犹能言，下城始殒”。为了反抗侵略，维护国家、民族尊严，左宝贵献出了自己宝贵的生命。时年57岁。

1885年3月底，在相继取得镇南关大捷、临洮大捷后，腐败的清政府无视胜利，竟与法国签订了屈辱的《中法会订越南条款》。闻讯后的左宗棠悲愤不已，同年9月5日，病死福州。在临终时口授的遗折中，他这样表述："惟此次越南和战，实中国强弱一大关键，臣督师南下，迄未大伸挞伐，张我国威。遗恨平生，不能瞑目。"

清朝爱国将领刘步蟾亲谒李鸿章，请求继续加紧扩建海军以巩固海防。李鸿章不以为然，刘步蟾则进一步慷慨直言："相公居其位，安得为是言！且其时不备，一旦偾事，咎将谁属？"四座悚然。

1898年，康有为在"保国会"上发表了著名的演说，其中有云："吾中国四万万人，无贵无贱，当今在覆屋之下，漏舟之中，薪火之上，如笼中之鸟，釜底之鱼，牢中之囚，为奴隶、为牛马、为犬羊，听人驱使，听人宰割，此四千年中二十朝未有之奇变。加以圣教式微，种族沦亡，奇惨大痛，真有不能言者也。"

"中国同盟会"大会接受了孙中山提出的"驱逐鞑虏，恢复中华，创立民国，平均地权"的纲领。为实现这一纲领，孙中山与大家同举右手向天盟誓："矢信矢忠，有始有卒，如或逾此，任众处罚。"宣誓完毕，孙中山向会员们祝贺道："为君等庆贺，自今日起，君等已非清朝人矣。"

大学士徐桐，素有顽固之称，被京城人呼作"徐老道"。他最痛恨洋人，可偏偏又住在洋人聚居的东交民巷，每日看着金发碧眼的外国人进进出出，非常气愤。于是在门上贴对联一副："望洋兴叹，与鬼为邻。"

秋瑾去日本前，其夫王廷钧依仗夫权横加阻拦。秋瑾激烈抗争："人生处世，当匡济艰危以吐抱负，宁能米盐琐屑终其身乎？"王又恼又恨，盗走了她陪嫁的首饰，妄图断其经济，以阻其行。秋瑾抱定"革命当自家庭始"的不屈心志，"钗环典质浮沧海，骨肉分离出玉门”。

1909年，孙中山在美国巴蒙演讲足足有三个多小时，听者多感动泪下。演讲结束后，有一位青年跑到他跟前，恭敬叩头说：“我要跟随先生革命，替先生挽皮包。”孙说，革命是要杀头的，你有这个胆量？青年答曰：“杀头？我不怕！”这位青年叫马湘，是加拿大华侨领袖的子弟，从此，他便一直跟随孙中山，直至孙在北京病逝。

1911年3月的广州起义，有72名革命青年在黄花岗壮烈牺牲。在72位烈士中，喻培伦是制弹专家，临行前，战友们劝他留下，他却说：“啥子话，我为革命才学制炸弹，大家都去，我倒不去，那不行！”

武昌起义后，为稳定军心，景耀月“连日倥偬马上，髀股糜烂，血肉淋漓，污沾衣褥，不顾也”。

吴玉章在回忆录《辛亥革命》中记载：“到了日本以后，又受到更多的革命思想的影响，而且还参加了拒俄学生运动。改良主义思想在我头脑中就逐渐丧失了地位。正因为如此，所以黄芒（同乡）写信回家说我参加了革命，不但未能使我发生恐慌，反而更加坚定了我参加革命的意志。我一怒之下马上将头上的辫子剪了，以示永不回头的决心。”

孙中山顾全大局，不忍生灵涂炭，慨然隐退，让大总统之位于袁世凯，南北议和时所发电报有云：“……暂时承乏，而虚位以待之心，终可大白于将来。”“倘由君之力，不劳战争，达国民之志愿，保民族之调和，清室亦得安乐，一举数善，自有公论。”

民国建立后，王国维依旧每天长袍马褂，梳着一条长长的辫子行走于清华校园。许多教授的辫子都被学生的剪刀“咔嚓”剪下了，唯独王国维的发辫却不曾有过任何困扰。采菊轩主人记曰：“余每访先生于清华园，校仆必肃然低语曰，彼留辫之先生，是此校第一之学者也。”

孙中山就任临时大总统后，任徐绍祯为南京卫戍总督。南北议和后，孙中山送给徐绍祯100万元公债。徐用2万元办了份《民立报》，用1万元遣散了沈佩贞等人的“女子北伐队”，剩下的97万又交还给了孙中山。孙中山说，你可以留着这些钱搞政治。徐说了一句豪言：“有钱的人不能革命。我还要追随您继续努力，所以不能有钱。”

1916年，蔡元培在法国接到教育部来电，要求其回国就任北大校长。蔡于当年冬天回国。到上海后，多数友人均劝其不可就职，说北大腐败，恐整顿不了。也有少数人说：腐败的总要有人去整顿，不妨试一试。蔡元培于是听从少数人的劝，去了北京。

李大钊认为“吾国思想界之销沉，非大声疾呼以扬布自我解放之说，不足以挽积重难返之势”。“由来新文明之诞生，必有新文艺为之先声，而新文艺之勃兴，尤必赖有一二哲人，犯当世之不韪，发挥其理想，振其自我之权威，为自我之绝叫，而后当时有众人之沉梦，赖以惊破。”“自我解放”“自我之权威”“自我之绝叫”“宇宙无尽，即青春无尽，即自我无尽！”“五四”前夜，李大钊的青春呐喊，成为开创新文化运动先河的旗帜。

“五四”时期，徐特立在湖南办学。一次，有人得罪了湖南辰州的英国教士，卖国政府竟用大炮炸死了群众10多人，赔偿洋人白银8万两，并为英国教士立碑树荣。徐老耳闻目睹这类“国耻”，义愤填膺。一天，徐老给修业学校的学生讲演，讲到帝国主义列强侵略中国，洋教士为非作歹，清政府软弱无能，中国人惨遭杀害时，声泪俱下，泣不成声。他号召青年一代要“把救国的担子挑起来”，激励热血儿女，“义之所在，虽赴汤蹈火，亦在所不辞”。说完，他跑进厨房，取了一把菜刀，当场斩断自己左手的一节手指，并用断指血写了8个大字：“驱逐鞑虏，恢复中华。”

“五四运动”爆发后，邵飘萍主持的《京报》迅速将运动消息传播到全国各地，不遗余力地为营救被捕学生呼吁。6月4日，邵针对徐世昌政府袒护曹、陆、章，反而镇压爱国学生的行径，在《京报》上撰写《为学生事警告政府》，文中明确指出：“镇压学生的爱国反帝运动，就是为卖国扫障铺路”，鼓励社会各界“持久进行斗争”，警告政府不可用“军警之办法”对付学生，否则爱国风潮将“更为猛烈扩大”。家人劝其少在报纸上写得罪政府的文章，邵飘萍一听就生气，说：“北洋军阀如此倒行逆施，我怎能不讲？就是枪毙，我也要讲。”8月，《京报》等11家同情学生的报纸被政府以“鼓吹社会革命、无政府、同情罢工、共产等邪说为宗旨”为由查封，邵飘萍避走上海。在上海，邵飘萍依然未停止战斗，创作沪剧《醋熘黄鱼》讽刺北洋政府，轰动一时。1920年，段祺瑞政府垮台，邵回北京重振《京报》。

闻一多对清华大学在“五四运动”中的表现感到十分自豪：“此次北京二十七所学校中，北京大学虽为首领，而一切进行之完密、敏捷，终推清华。……清华做事，有秩序，有精神，此次成效卓著，也是平时训练有素使然。”对自己在代表团中所起的作用也颇感自豪：“我和八哥都在秘书部，我的责任尤重，万难分身。”他告诉父母，暑假决定不回家，要在学校参加爱国活动：“我在此为国作事，并不是说有我国家即不会亡，而是国家养育学生，花费甚巨，一旦有事，学生如不出力，更待何人？”

李公朴的家境穷困，13岁时，他的哥哥送他到一家京广洋货店做学徒，三年半满师，在最末一年，他的收入也只有每月一块钱，十分艰难。在勤苦的学徒生涯中，李公朴常常挤出时间来读些新书报，朦朦胧胧地接受了一些新思想。满师时，他16岁，正是“五四”爱国运动风靡全国的时候，受此影响，他发起了爱国团，参加抵制日货的工作。他署名“长啸”，在报上发表攻击京广洋货店贩卖日货的文章，店主知道后，就把他开除了，这是李公朴第一次参加爱国行动，并因此而遭受惩罚。

1921年，辜鸿铭对英国学者毛姆说："你看我留着发辫，那是一个标记。我是老大中华末了的一个代表。"

在晚清名士中，林纾扮演过激进的维新角色，也有着浓厚的遗老情结。1922年底，末代皇帝溥仪大婚。71岁的林纾不顾病后体乏，特地绘了四镜屏呈进。溥仪亲自书写"贞不绝俗"匾额作为赐赠。林纾接到匾额后，十分感激，写成《御书记》，内中有云："呜呼！布衣之荣，至此云极。一日不死，一日不忘大清。死必表于道曰：'清处士林纾墓。'示臣之生死，故与吾清相终始也。"

傅斯年给儿子取名为"仁轨"。罗家伦闻之，竟猜不出典出何处，问傅。傅斯年笑话他："枉费学历史，你忘记了中国第一个能在朝鲜对日本兵打歼灭战的，就是唐朝的刘仁轨。"

孙中山临终前3个月对北洋政府总理许世英怒道："我在外面要废除不平等条约，你们在北京偏偏要尊重那些不平等条约。"此一怒而致肝病大发遂去世。

1927年4月28日，反动政府法官在绞刑架旁提到祖宗典规，临刑的李大钊驳斥道："你站在绞刑架旁，也配谈祖宗的典规？真是不知天下还有羞耻二字！我告诉你们，不能因为你们今天绞死了我，就绞死了伟大的共产主义！我们已经培养了很多同志，如同红花的种子，撒遍各地！我深信：共产主义在世界、在中国，必然要得到光荣的胜利！"

1927年12月1日，蒋介石和宋美龄在上海结婚。婚礼分两次举行，一次在宋家，按基督教习俗；另一次在大华饭店，是中式的，由蔡元培主持。在这之前，蒋介石和宋美龄曾邀请何香凝去做证婚人，然而何香凝由于此前劝蒋遵循总理遗嘱及停止反共未果，心下失望至极，因而拒绝参加蒋的婚礼，蒋只得另找了一位女士证婚。

钱穆曾说："今天我们对传统的旧中国，已可说是完全无知识了。那么对以后的新中国，我问诸位又有什么理想抱负呢？那么我想要发财，便赞成自由资本主义的社会。我自问发不了财，便赞成共产主义的社会。怕只有这两条路了，还有第三条路吗？我们中国民族将来的出路究竟在哪里？这样一想很可怕的。"

1931 年"九一八"事变后不久，山海关失守。消息传到北京，刘半农愤慨地对朱穆之说："榆关失守，国民党不抵抗，再这样下去，我就去投共产党！"1933 年前后，北京局势动荡，日本侵略者得寸进尺，步步进逼；周作人摇尾乞怜，曾在家门口悬挂日本国旗，祈求保护。刘半农看到后，极为气愤，对朱穆之说："他再这样做，我就和他绝交！"

1933 年 11 月 24 日，李烈钧致函蒋介石，尝谓："南京设施鲜能适合团体，洽人民公意也。本党马上定天下，必欲于马上治之，天下人岂能尽戮？……斯时救济之法，仍以迅速解放人民言论、出版、集会、结社诸自由，使在法律、政治上受平等待遇，斯实为集智聚能安内攘外之根本要着。即国民党本身，亦不必迫之使离，强之使合，否则天下纷纷，何时定耶？"

爱国名将冯玉祥曾写过这样一首小诗："鸟爱巢，不爱树，树一倒，没处住，看你糊涂不糊涂！人爱家，不爱国，国如亡，家无着，看你怎么去生活！"

1934 年 11 月初，吉鸿昌在天津被捕。法庭上，他大义凛然，历数蒋介石不抗日的罪行，并解开上衣，让审讯者看他身上的累累伤痕——那是在抗日中留下的。11 月 24 日，蒋介石下令，将吉鸿昌"就地枪决"。临刑前，吉鸿昌用树枝在雪地上题写了一首绝命诗："恨不抗日死，留作今日羞。国破尚如此，我何惜此头！"

1935年8月6日，36岁的方志敏英勇就义。就义前，他在一篇文章中写道：“在我埋骨的地方，或许会长出一朵可爱的花来，这朵花你们可以视为我的精神寄托吧！在微风吹拂中,如果那朵花上下点头，那可视我在向中华民族奋斗的爱国志士敬礼！如果那朵花左右摇摆，那就视我在提劲儿唱着革命之歌，鼓励战士们前进啦！”

刘伯坚就义前，敌人问他还有什么话要说，他说：第一，我要写封家信，交代我的子孙后代要将革命进行到底；第二，我死之后要把我葬在梅关。梅关位置，能看得远，我死后能看到革命的烈火到处燃烧。

1935年11月1日，国民党四届六中全会开幕。在开幕典礼后，青年志士孙凤鸣刺杀亲日派领袖汪精卫，向他连射数枪，汪中枪倒地。孙当场亦被警卫击伤，临死前他对人说：“请你看看地图，整个东北和华北那半个中国还是我们的吗？”

1936年12月12日，“西安事变”骤发，张学良、杨虎城发动兵谏，将蒋介石扣在临潼华清池。南京大员有的疾呼营救，有的建议谈判，有的力主轰炸西安。而宋美龄说：“余个人于事变发动之初，即决心与劫持我丈夫之西安将领作正义之周旋，任何牺牲，任何代价，皆所不顾……”

1937年，日本侵略军逼近浙江的石门湾，丰子恺举家逃难。当丰家还在路上流离，石门湾已成了焦土，缘缘堂也化为了废墟。当丰子恺得到缘缘堂被毁的消息后，不胜惋惜。后来，他们全家又流离到湖南长沙，沿途所见人民流离失所的惨状，他忘记了自家的得失。他说：“此时我已在沿路看见万众流离的苦况，听见前线浴血的惨闻，对自己的房屋的损失，非但毫无可惜，反而觉得安心。倘使我毫无损失，心中不免惭愧。”他还写了散文《还我缘缘堂》，向世人告白了一介书生的心曲。他说：“我虽老弱，但只要不转沟壑，还可凭五寸不烂之笔来对抗暴敌。我的前途尚有希望，我决不为房屋被焚而伤心。不但如此，房屋被焚了，在我反觉轻快，此犹破釜沉舟，断绝后路，才能一心向前，勇猛精进。”

1937年7月7日“卢沟桥事变”后，上海、南京相继失陷，爱国画家张善孖誓死不做亡国奴，毅然离开苏州网师园，放弃了财产和收藏，先到安徽郎溪，再回四川重庆，继赴云南昆明。他曾对友人说：“丈夫值此机会，应国而忘家。生平收藏存在苏州网师园内，皆弃之如土，以今日第一事为救国家于危亡；万一国家不保，虽富拥百城，又有何用？恨我不是猛士，不能执干戈于疆场。今将以我的画笔写出我的忠愤，来激励志士，为海内艺苑同人倡！”

王方宇在纽约林语堂家里遇见了老舍跟曹禺。老舍见到王就说：“你从耶鲁来，你们那儿好，连外国人都说中国话。”当天在林先生家，林夫人和林太乙小姐包饺子，大家吃饺子时，老舍又说：“吃饺子不能跟外国人一块儿吃，跟外国人一块儿吃，得说英文。一吃饺子，把英文都忘了，一想英文，少吃好几个饺子。”

1940年初，杨靖宇将部队分散开来，以摆脱日寇的追袭。他自带一部在抚松、蒙江、通化地区坚持。2月，由于叛徒告密，他的行踪暴露，日军派出大批部队进行搜索。经一次次战斗，部队弹尽粮绝，留下的人越来越少。2月23日，他孤身一人在蒙江县保安村三道崴子被敌人包围。他手持双枪，与敌激战，最后寡不敌众，壮烈牺牲。残暴的敌人割下他的头示众，还解剖了他的遗体。当敌人剖开他的胃后都惊呆了：他的胃里一颗粮食都没有，只有没消化的树皮、草根和棉絮！

1940年5月，林语堂偕家人由美返国，在重庆北碚购置了一套房子。后来当他再出国时，便将房子捐给了“中华全国文艺界抗敌协会”，并给中国作家们留下了一封充满爱国热情的信：“贵协会自抗战以来，破除畛域，团结抗敌，尽我文艺界责任，至为钦佩。鄙人虽未得追随诸君之后，共纾国难，而文字宣传，不分中外，殊途而同归。……弟与诸君相见之日即驱敌入海之时也。”随着岁月流逝，林语堂的恋乡爱国之情与日俱增。他在美国居住达30年之久，却始终没有加入美国国籍。他说：“许多人劝我们入美国籍，我说这儿不是落根的地方；因此，我们宁愿年年月月付房租，不肯去买下一幢房子。”

1940年，宋哲元将军在四川绵阳病逝。他逝世前留言：“但愿还我山河之时，有人持酒相告，则哲元虽死之日，犹生之年。”

1940年，襄樊战役，张自忠任三十三集团军总司令，亲临前线指挥战斗，在敌人飞机大炮的轰击下，中国军队伤亡严重。但他并未退缩，依然在前线指挥战斗。后来敌人炮火逼近，他不幸身中数弹，血染军装。一个日寇军官手举战刀向他杀来，张自忠紧射数枪，终无力将敌人击退，最后以手枪对准自己头部，砰然一声，壮烈殉国。

淞沪抗战期间，日军强迫中国司机胡阿毛将一辆满载军火的大卡车开往日军阵地。车行至黄浦江边，胡阿毛突然加足马力，猛打方向盘，将随同押车的日军及一车军火一起开下了波涛滚滚的黄浦江，自己壮烈牺牲。

1941年9月25日，在河北省易县的狼牙山，晋察冀军区一分区一团七连六班的马宝玉、葛振林、胡福才、胡德林、宋学义五人，为掩护部队转移，将日军引向绝顶，在子弹打光，敌人逼上山崖时毅然跳崖。葛振林、宋学义被树枝挂住得救，马宝玉、胡福才、胡德林牺牲。他们被誉为“狼牙山五壮士”。

梅兰芳为了推托汪精卫伪政府组织的庆祝“大东亚战争胜利”巡回演出，连打三针能引起高烧反应的伤寒防疫针，结果高烧达42度，昏迷不醒。

弘一法师病重时，每天照常工作。广洽法师前来探望，弘一法师对他说："你不要问我病好没有，你要问我有没有念佛。"

闻一多对西南联大"胆小怕事，逢迎当局"相当不满。在1944年5月3日的"五四"晚会上，闻一多说："在一个没有民主的国家，埋头搞学问有什么用？学生是国家的主人，有权过问国家大事，如果认为一个国家要学生耽误学业来过问政治就是不幸，那么，造成这种不幸的原因，还不是因为没有民主？"

1946年，蒋介石打算在北方知名人士中补选一名国府委员，于是钦点傅斯年。陈布雷知傅的秉性，说他不会干。蒋仍作礼贤下士状，亲自召见傅，面提此事，傅力辞不就。事后，傅斯年致长信于蒋，再表绝不从政的志向。信云："斯年实愚戆之书生，世务非其所能，如在政府，于政府一无裨益，若在社会，或可偶为一介之用。"

1945年8月15日，日寇投降。台湾省在被日本占领50年后归还中国，叶恭绰欣然提笔，以诗致庆："喜从海外赴炎洲，百战功勋海底收。施郑朱蓝都莫问，且教呼酒酬唐刘。"

抗战胜利后，南开从重庆搬回天津。张伯苓对全校师生讲道："我对未来充满希望。南开事业是无止境的，发展是无限的。让我们拿出以往的勇气和不屈不挠的精神，同心协力，使南开在建设祖国的事业中，成为重要的一员。"

老舍在给冰心的小女儿的信中说，他在纽约，就像一条丧家之犬。

1946年6月下旬，蒋介石发动内战。张竞生打造了四柄银锄分赠国民党要员，上刻"休养生息"四字，以期停止内战。

1948年前后，张治中曾多次上书进言，拟请停战息戈，休养生息，以彻底廓清政治，但蒋介石不听。1948年夏，张治中在西安停留一周，每天和蒋都有谈话，在6月27日的谈话中，张说："……以悲天悯人的态度，不以战争解决问题，主动停战，这样既可在国际上获得同情，在国内也能得到人民拥护。"并说明，士气低落到等于没有，高级将领很多人不愿再战，"不过是为了校长的感情不能不打仗而已"。这次长谈，屡屡使蒋"颇为动容"，但他却瞻前顾后，终未听。

潘达于家中藏有西周的克盂二鼎，其中克鼎是祖上潘祖荫得自天津柯氏，盂鼎系左宗棠为报潘祖荫当年营救之恩所赠。曾有外国人以600两黄金外加洋房交换二鼎，被潘达于严词拒绝。此后，潘家历经敌寇洗劫，二鼎均保存完好。新中国成立后，潘达于将二鼎捐献给了国家。

1952年10月11日，邱少云和战友们在敌人阵地前潜伏，等待次日傍晚发起进攻。这时，敌人的一颗燃烧弹落在他身边，他被烧着了。他身后就有条水沟，只要滚动一下，就可以把火弄灭。但为了不暴露目标，他一动不动，直至牺牲。

1952年10月20日，在上甘岭战役的一次战斗中，黄继光受命爆破敌人一个火力点，在手雷用光，身负重伤的情况下，他毅然用胸膛堵住了敌人正猛烈射击的机枪口。

溥儒在荣民总医院接受化疗的时候，每天感到无聊，便用钢笔速写护士小姐的像，见一个画一个，非常传神。张目寒对他说："将来你可以改行教钢笔速写，不要再教国画了。"溥说："我的病，始终不见大好，似乎时好时坏，真不知何时才可以出医院呢！"接着又说："出医院后，我不会教钢笔画的，因为我一生研究的都是中国文化，我愿亲见中国文化能有光辉灿烂的一天。"

有一个朋友曾问了张大千一连串的问题："大千先生，你在东西两半球飞来飞去，如入无人之境，大家觉得是一个奇迹！我现在要考你一下，可以吗？"大千笑道："可以可以。考啥子，就答啥子。"

那个朋友问："你在阿根廷说的是西班牙语吧？在巴西说的是葡萄牙语吧？还有，在纽约说的是英语吧？"大千哈哈大笑道："啥子语都不是。我说的是一口道地四川话。"再问："那么，谁替你翻译呢？"答："我那个12岁的小孩子就可以胜任了。有一次，火车还为我特别停一分钟呢。"又问："那么，你也穿西装？"大千把长袍一抖指着说："走遍天涯都是这长袍呀。"

巴金说："……每一篇文章都是我过去探索中的收获，也是我一生中追求光明的呼声……我对祖国对人民有多么深的爱……我的火是烧不尽的，我的感情是倾吐不完的，我的爱是永不消灭的。"

胡适在美国参加一个宴会时，遇见一位久居国外而早已不打算回国的教授。胡在席上用中国话对那位教授说："我劝你还是回台湾去，至少休假回去住一年半载。你要晓得一个没有国籍的人是最痛苦的。"

1959年，马寅初在一片批判声浪中发表《我的哲学思想和经济理论》，呼吁控制人口增长、提高人口素质。并附有一篇言辞铿锵的"声明"："我虽年近八十，明知寡不敌众，自当单枪匹马，出来迎战，直至战死为止，决不向专以力压服不以理说服的那种批判者投降。"

1966年，"文化大革命"席卷全国。8月24日，梁漱溟被抄家、罚跪、游街，三代祖传的书画文物付之一炬，手稿、钱物亦为红卫兵掠走，梁家被赶到小南屋暂居。9月10日，梁上书毛主席，请求发还被掠走的《人心与人生》书稿："假如在或斗或批之后，不发还此书稿，即不可能叙写，无异乎宣告我的死刑。"不久，书稿退回。

1971年9月，躺在病榻上的陈毅得知林彪摔死的消息后，用劲撑起身子，乐呵呵地用四川口音说道："好啊，你个整人的龟儿子也有今天，这就叫多行不义必自毙！"

吴文藻说："由于多年来我国的社会学和民族学未被承认，我还有许多重建和创新的工作要做。我虽年老体弱，但我仍有信心在有生之年为发展我国的社会学和民族学做出贡献。"

沈从文在家乡听傩戏，打鼓的是一位七十多岁的老人，他对年轻人打鼓失去旧范很不以为然。听着这古调犹存的弋阳腔，沈从文动情地说："这是楚声，楚声！"随之泪流满面。

竺可桢从1917年在哈佛大学读书时就开始坚持每天写日记，主要是记录气象研究的各种资料。由于战乱，只有1936年到1974年2月6日这段时间的日记保存了下来，共计38年37天，无一天间断！这些日记都用蝇头小楷写就，一笔不苟，共计800多万字，令人叹为观止。竺可桢在去世的前一天，还用颤抖的笔在日记本上记下了当天的气温、风力等数据。

成舍我91岁时又创办了一份报纸。在随后右眼失明的情况下，他为左眼配以特制眼镜，以便上班能仔细审读报纸清样。

冯友兰晚年多病，常住院。他说："庄子说过，生为附赘悬疣，死为决疣溃痈。孔子说过，朝闻道，夕死可矣。张横渠又说，生吾顺事，没吾宁也。我现在是事情没有做完，所以还要治病。等书写完了，再生病就不必治了。"

钱学森对中国的教育忧心忡忡，躺在病榻上还不忘向国家领导人进言："现在中国没有完全发展起来，一个重要原因是没有一所大学能够按照培养科学技术发明创造人才的模式去办学，没有独特的东西，老是'冒'不出杰出人才。这是很大的问题。"

1998年，赵朴初92岁。他说："为了佛教的事业，我有信心活到100岁，有信心活到21世纪……"

豪迈 第七

刘铭传18岁那年，一个土豪假借团练之名欺辱其父。土豪走后，刘铭传从书塾回家，听说此事，对其兄长大吼道："大丈夫应当自立，岂能容他这样欺辱？"说完，便赤手空拳地追赶土豪，并要和土豪决战。土豪回头对刘狂笑道："一个儒生，敢当我哉？我把刀给你，你若是敢杀了我，就算是条好汉！"刘铭传举刀便将土豪的脑袋砍了下来，然后，骑上土豪的马，举着土豪的头，大呼曰："此豪肆虐乡里，今吾杀之，能从吾者当保吾里。"众人皆大喜，从者数百人。

烈士赵声曾口占古风一首给挚友吴樾，其中有句云："杯酒发挥豪气尽，笑声如带哭声多。一腔热血千行泪，慷慨淋漓为我言。大好头颅拼一掷，太空追攫国民魂。临行握手一咨嗟，小别千年一刹那。再见却知何处是，茫茫血海怒翻花。"吴樾把这首诗读了又读，每为之泪下潸然，不久即以弹掷五大臣，死于车站。赵闻噩耗大恸不已，革命之志弥坚。

1903年，章太炎与邹容在《苏报》刊载《革命军》《驳康有为书》等犀利文字，清廷震怒，力挟上海租界拘捕章、邹。某日巡捕至学社搜查，章太炎即挺身而出："余人俱不在，要拿章炳麟，就是我！”邹容其时乘乱从后门走脱。

1903年6月29日，清政府以鼓吹革命为由逮捕章太炎，接着又制造了查封《苏报》的“苏报案”。邹容得知章太炎自愿被捕以表其志，便决定前去“自首”。巡捕见他个子瘦小，说他：“你跑来干什么，你还是小孩子呢！”邹容指着布告牌说：“我就是清朝要捉的写《革命军》的邹容！”

留日学生的革命活动，令清政府惊恐不安，遂通过日本当局，于1905年11月颁布《取缔清韩留日学生规则》，对爱国学生横加限制和迫害。为此，秋瑾带领留学生进行同盟罢课，并组织敢死队，去公使馆交涉，继而又带领部分同学回国，以示抗议。临行前在浙江同乡会举行的集会上发表演说，讲到有人散步妥协论调时，秋瑾猛地从靴筒里拔出倭刀，咔嚓一声插在台上，以手指刀：“如有人回到祖国投降满虏，卖友求荣，欺压汉人，吃我一刀。”

1907年7月6日，徐锡麟在安庆刺杀安徽巡抚恩铭，仓促起义，结果被捕遇害。浙江巡抚得到了秋瑾与徐锡麟为同谋的密告，调兵遣将，部署镇压，一时风声大紧。嵊县会党首领王金发劝秋瑾躲避一下再说，秋瑾坚持不肯：“虽死犹生，牺牲尽我责任；即此永别，风潮取彼头颅。”

黄庐隐，本名黄英，笔名庐隐，女，福建闽侯人。黄庐隐健谈。在与男子的集会里，她可以不停地谈着话。如果某一个男人出语讽刺或是讥笑女性的话，她便面红耳赤地同他辩论，直到那个人认输为止。

张作霖参加某个大型宴会。席间，有几个日本人突然提出让张作霖当场赏幅字画。张作霖明知这是故意刁难，但又不好拒绝，只好满口答应。他令人拿来了笔墨纸砚，挥笔写了一个“虎”字，然后落款：“张作霖手黑。”盖上大印，得意地望着大家。那几个日本人面面相觑，不知何意。细心的秘书一眼就看出了其中的漏洞，于是他连忙贴近张作霖身边低语："您把'手墨'写成了'手黑'，应该在'黑'字下面加一个'土'。"张作霖一瞧，也愣了，但他非常镇定，马上就有了主意。他故意呵斥秘书："难道我不知道'墨'字下面有个'土'吗？因为日本人想要的就是中国的土地，作为一个中国人，我怎么能让他们把土带走呢？这就叫寸土不让！"语音刚落，满堂喝彩。那几个日本人这才明白过来，越想越没趣，只好悻悻退场了。

杨振声性格豪爽，平易近人。杨嗜酒，任青岛大学校长时常纠合闻一多、梁实秋、赵太侔、陈季超、刘康甫、邓仲存和方令孺一起饮酒作乐，戏称为"酒中八仙"。他们三日一小饮，五日一大宴，30斤一坛的花雕搬到席前，罄之而后已。经常是薄暮入席，夜深始散。他们豪迈地宣称："酒压胶济一带，拳（指划拳）打南北二京。"

红军时期，陈士榘将军缴获了一把极为精致的手枪。将军将其上缴给军团长林表，林表转赠给了毛泽东。毛看了一眼，便随手把手枪扔到了地上，说："等到我该使用这把手枪的时候，咱们红军早完了。"

1935年，蒋介石推行"攘外必先安内"的政策，对共产党和抗日军民想方设法刁难打击。为此，何香凝亲自到南京找蒋，为抗日战士要求物资援助。蒋介石设宴招待何，还不停地给她夹菜，但对援助之事一直闭口不谈。何对此非常气愤，连筷子也没碰便离去。随后的某一天，她将自己的一条裙子寄给蒋介石，并附上一首《为中日战争赠蒋介石及中国军人的女服有感而咏》诗："枉自称男儿，甘受倭奴气，不战送山河，万世同羞耻。吾侪妇女们，愿往沙场死，将我巾帼裳，换你征衣去。"

1939年3月，龙书金率部于山东北陵县大宗家与日军激战，左臂中弹负伤。医生告之，弹头于左肱骨炸开，为粉碎性骨折，须手术。手术时，龙坐靠背椅，一护士取来了粗麻绳。将军惊问："你要捆我不成？"医生说："我们没有麻醉药，只能用吗啡代替。它的效果不好，怕你受不了。"龙大笑说："可知关公刮骨疗毒的故事？"言毕挽袖伸臂，说："请用刀，保证不动一下。"医生于是在其臂下垫了油布，便开始动刀。龙安坐椅上，纹丝不动，然脸上汗珠滚滚。术后，警卫帮其换下衬衣，拧之，竟汗流盈盆。

抗战时期，袁鸿寿在桂林七星岩宴请梁漱溟。二人在岩外的一棵小树下正闲聊时，敌机突至，盘旋于上空。袁大惊失色，万一"中头奖"，何以对天下人！而梁漱溟镇定自若，聊天如常。

1946 年 7 月 15 日，闻一多发表了一篇很富于情感而批评政府甚力的演讲。文中明言"我是不怕死的！"并大胆向"特务"挑战，说在场如有特务，请他站出来，给大家看看。当天下午，闻一多即遭人暗杀。

1947 年 1 月的一个早晨，敌人包围了云周西村，并强迫大家到广场上集合，然后按照叛徒提供的名单抓人，刘胡兰不幸落入敌手。敌人当着刘胡兰的面将 6 个党员用铡刀铡死了。血光满目，但刘胡兰依然镇定自若。敌人问她："谁杀了村长？"她答："不知道。"敌人又问："你给八路军做什么？"她答："什么都做！"敌人威胁道："有人供你是共产党！"她说："我是共产党！是共产党又怎么样？"敌人追问："村里还有谁是共产党？"她答："就我一个是共产党！"敌人暴跳如雷："你嘴硬！难道就不怕死吗？"她说："怕死不当共产党！"敌人咆哮着要铡死她，她自己躺到了铡刀底下。

1948 年 12 月，淮海战役。黄维兵团被围于双堆集，二野两个纵队屡攻不下。陈士榘自告奋勇率 3 个纵队前往增援。12 月 11 日，陈士榘到二野司令部见邓小平，要求大部队让出一个便于指挥和使用的位置。小平电询所属各部队，结果没有一个愿意让出位置。陈士榘率部拂袖而去。行进间，邓小平来电要求其继续指挥攻歼黄维。陈回答说："一个纵队不行，所有部队统归我指挥才行。"邓小平思考后果断地答应了陈的要求。12月15日，在陈士榘统一指挥下，被围19天之久的黄维兵团彻底覆灭。

许世友每逢酒宴，必先自己满饮一杯。劝酒时，若对方曰："不会喝。"许则曰："你怕老婆?！"若曰："身体不好，医生不让喝。"则曰："你怕死?！"故被劝者不得不喝。这时，许又曰："你明明会喝，弄虚作假，罚酒三杯。"

一次，周恩来总理在办公室接待一位美国记者。当这位记者看到周总理用的是一支美国派克牌钢笔时，便用几分讽刺的口吻问道："总理阁下，你们堂堂中国人，为何使用我国的钢笔呢？"总理听了付之一笑，回答说："谈起这支钢笔，话就多了。这是一位朝鲜朋友抗美的战利品，是作为礼物赠送给我的。朋友说，留下做个纪念吧。我觉得有意义，就留下了贵国这支钢笔。"这位记者听了周总理的话，羞愧得哑口无言，不知所措。

李敖买下一套公寓后，发现房子有问题。于是找房产公司理论。公司老板蔡万霖十分嚣张地对李敖说："李先生，你知道我们蔡家兄弟是什么出身吗？"李敖说："流氓出身。"蔡万霖一愣。李敖接着说："蔡先生，你知道我李某人是什么出身吗?告诉你，我也是流氓出身。不过，我会写字，你不会。要不要打官司，上报纸，你看着办。"蔡认定李敖大有来头，于是答应赔偿。

狂狷第八

清道光己丑年（1829年），龚自珍参加殿试，他的考卷被分发在中丞王植房中。王植阅头场卷时，读到第三篇，见行文怪异非常，不觉笑不可遏。邻屋侍郎温平叔闻声而至，把卷子要去浏览了一遍，说："此浙江卷，必定龚自珍无疑。此人性喜骂，如不取，骂必甚，不如推荐上去罢。"龚于是得中进士。揭榜之日，同年问龚自珍，卷子是谁取中的。龚自珍大惑不解地说："真稀奇，竟然是王植这个无名小卒！"

梁启超拜见张之洞时，在拜帖署款："愚弟梁启超顿首拜。"张见后十分恼火，即出联谑之曰："披一品衣，抱九仙骨，狂生无礼称愚弟。"梁答曰："行千里路，读万卷书，侠士有志傲王侯。"

两湖总督张之洞慕章太炎之名，通过钱恂引其入幕府。时梁鼎芬为西湖书院院长，一日，询章曰："听说康祖诒（有为）欲做皇帝，真的吗？"章说："我只听说他想做教主，没听说想做皇帝；其实人有帝王思想，也是常事；只是想做教主，未免想入非非！"梁鼎芬为之大骇！

章太炎有一个外号，叫作章疯子。清光绪末年，梁启超、麦孟华奉康为教主，在上海宣传《公羊》义法，说是“不出十年，必有符命”，太炎先生嗤之以鼻，曰：“康有为什么东西！配做少正卯、吕惠卿吗！狂言呓语，不过李卓吾那一类货色！”康氏徒党，恨之入骨！

辜鸿铭在英国乘巴士，遇到一帮趾高气扬的人，个个脸上一副鄙视的神态。辜不动声色掏出一份报纸来看。洋佬们一看，个个笑得五官挪位：“看看这个大老土，连英文都看不懂，还要看报！你瞧他把报纸都拿倒了！”辜鸿铭等他们笑罢，也不慌忙，用流利的英语说道：“英文这玩意儿太简单，不倒过来看，还真没什么意思！”

章太炎在日本编《民报》之余，颇有余闲，一夜，正在寓所写文章，忽闻窗外飒飒之音如瀑布下泻，一股腥臊的尿味足令人发呕，章太炎即时怒火中烧，开门大骂：“王八蛋，没娘养的，不去厕所，随处撒尿！”楼上一位青年，也还复骂之，彼此互不相让，几欲动手，后邻居劝解方平息。楼上青年得知对方是鼎鼎大名的章太炎后，立刻道歉，并拜其为师。这就是年方 20 的黄侃。

章太炎在日本时，陈独秀前往拜访。陈是安徽人，章是浙江人，这两省在近代出的大人物不少。陈说：“湖北有三峡、黄鹤楼、赤壁，可是出的大文人似乎不多。”不料隔壁有一个声音咆哮起来：“安徽出了很多人物，未必就是足下！湖北没出什么人，未必就不是我！”说话的，是章太炎的大弟子——湖北蕲春人黄侃。

1911 年 7 月，黄侃因宣传革命被河南豫河中学解职，返蕲春时经汉口，醉后撰时评：“中国情势，事事皆现死机，处处皆成死境，膏肓之疾，已不可为。然犹上下醉梦，不知死期之将至。长日如年，昏沉虚度，软痈一朵，人人病夫。此时非有极大之震动，极烈之改革，唤醒四万万人之沉梦，亡国奴之官衔，行见人人欢戴而不自知耳。和平改革既为事理所必无，次之则为无规则之大乱，予人民以深痛巨创，使至于绝地，而顿易其亡国之观念，是亦无可奈何之希望。故大乱者，实今日救中国之妙药也。呜呼！爱国之志士乎？救国之健儿乎！和平已无可望矣！国危如是，男儿死耳，好自为之，毋令黄祖呼佞而已。”7月26日，此篇《大乱者，救中国之妙药也》发表于《大江报》，一时舆论大哗，清廷惊恐万分。

辛亥革命后，袁世凯筹谋称帝，赠洋3000元和一枚一等金质嘉禾章，授意黄侃为其写《劝进书》。黄侃持洋元四处游玩，并将那枚勋章挂在黑猫的颈上。

袁世凯刺杀宋教仁后，当年七月，二次革命爆发，袁世凯网罗密布。孙中山、黄克强等均去日本，以避其锋，亦劝（章）太炎同去日本。太炎不但坚决拒绝，且谓要去北京，向袁世凯质问。他理直气壮地说：“以前，在满洲人统治下为了反帝反清，所以在日本闹革命。现在已光复，为什么再要去日本？”又说：“定要去北京，面质包藏祸心的袁世凯，明知虎穴也要去，不入虎穴，焉得虎子！”

章太炎自况：“蒿邪识麻直，弦急知韦柔。”他的使酒骂袁，以死抗争在旁人看来，无异“现代祢衡”，但太炎却还有他深一层的悲哀：“观其（袁世凯）所为，非奸雄气象，实腐败官僚之魁首耳，呜呼！苟遇曹孟德，虽为祢衡，亦何不愿，奈其人无孟德之能力何！奈其人无孟德之价值何！”

民国三年，章太炎被禁于北平龙泉寺，其5月23日家书，满纸牢愁，不堪卒读。中有句云：“吾死以后，中夏文化亦亡矣！”

北洋政府时期，有一部分参议员须由中央通儒院选举产生，凡国立大学教授，都有选举权。当时，贿选成风，辜鸿铭自然也成为被收买的对象。这天，×× 到辜鸿铭府上，求其投他一票，并答应出资400元。选举前一天，×× 果然把400元钞票和选举人入场证送到，还再三叮嘱辜鸿铭明天务必到场。×× 刚走，辜鸿铭立刻出门，赶下午的快车到了天津，把 400 块钱全“孝敬”在一个叫“一枝花”的姑娘身上了。两天后，辜才回到北京。××找上门来，大骂辜鸿铭不讲信义。辜拿起一根棍子，指着那个政客说：“你瞎了眼睛，敢拿钱来买我！你也配讲信义！你给我滚出去！”×× 逃之夭夭。

傅斯年是一个很狂的人。即使在狂人辈出的北大，傅斯年也狂得出类拔萃，人送外号“孔子之后第一人”。别人跟他打招呼，他爱理不理；说话则是说不上几句，就转过头去背书了。有一次，傅斯年走在路上，被飞驰而过的汽车溅了一腿的泥水，回宿舍后他依然怒气冲天，对室友大发牢骚曰：“坐汽车的都应该枪毙！”

“五四运动”时，辜鸿铭在一家日本人办的报纸上发表了一篇文章，大骂学生野蛮、是暴徒。辜的学生罗家伦看后，质问他说：“你从前写的《春秋大义》，我们读了都很佩服，你既讲春秋大义，就应知道‘内中国而外夷狄’，但你却在夷狄的报纸上骂中国学生，这是何道理？”辜被气得两分钟讲不出话来，最后，他铁青着脸站起来，猛敲着讲台喊道：“当年我连袁世凯都不怕，还怕你吗？”

熊十力有一次在朋友家吃饭，朋友的孩子想吃桌上的一块肉，熊十力却立刻夹到自己碗里，说：“我身上负有传道的责任，不可不吃，你吃了何用？”于是坦然吃下。

某岁，张作霖亲迎薛大可于阶下，大有相见恨晚之意。薛横陈卧榻，议论风生，声泪俱下，酒后唱道：“薛大可，这几年时运不通。”张学良明白其意，赠厚礼说：“才大难为用，小住寒舍，以观天下之变，不要再为风尘所苦。”一天，大可拍案大呼：“钱的用途很广，然而钱乃身外之物，不宜久藏，藏必诲盗……”于是聚众赌博，大输。日复一日，天天如此，逐渐囊空如洗。薛泰然不以为意。有人问他，赌博要用钱做赌注，没了钱怎么办？他说：“有钱赌博，输了是天所注定。没钱了就等有钱再赌，赌博赢钱是偶尔的事，哪有久赌不输的人？我的赌道和别人不同，别人赌博是敛钱，我赌是消遣，你可以称这是文明之赌，也可以说高尚之赌。这事不能没有区别。”久而久之，大可足迹所至，人们都乐于与之接近，更愿意和他赌博。多年来，大可所输的钱，已不下百万。每每赢钱，他都施济穷人。知大可为人者，再看大可赌博，都说：“薛大可博之君子也，博之圣人也。”

有人问章太炎：“先生的学问是经学第一，还是史学第一？”章朗笑三声，答曰：“实不相瞒，我是医学第一。”

戴季陶说，民国二三年他就向国民党提倡白话文，若是听了他的话，哪里会有后来陈独秀、胡适他们出风头的机会！

熊十力的学问了得，被当时学术界称为“圣人”。然而除了学问了得，熊十力的脾气却也坏得惊人：他评胡适，说其提倡科学，可是科学知识却不如他；金岳霖研究哲学，学说却是“我论”；冯友兰则是不认字。同样被称为“圣人”的还有梁漱溟，他对熊的个性十分了解。一次，他们一起讨论问题，几句不合，就争了起来。熊十力趁梁漱溟转身的工夫，过去朝其头上就是几拳头，边打边骂“笨蛋”。梁挨了拳头，没说话就走了。

有人拿自己的文章给熊十力看，熊说：“你拿书给我看干什么？你应该看我的书，就是不看我的，也应看圣贤的书，你的狗屁东西算什么作品呢？”

刘文典对传令他去见蒋介石极为愤懑。他说：“我刘叔雅并非贩夫走卒，即是高官也不应对我呼之而来，挥手而去！我师承章太炎、刘师培、陈独秀，早年参加同盟会，曾任孙中山的秘书，声讨过袁世凯，革命有功。蒋介石一介武夫耳！其奈我何！”

台静农与国民党政府势如冰火。在重庆期间，一些“群众团体”献媚，向蒋介石献九鼎，铭文由某学者撰写，用词都是旧时歌颂皇帝的那一套，“允文允武，乃圣乃德”之类。从不骂人的台静农拍案詈之：“什么‘允文允武，乃圣乃神’！×××！”居然骂出不雅的“×××”。

20世纪30年代末，张恨水在重庆为《新民报》的“最后关头”写时评，奇思宛转，妙文百出。其中有一则谓之“无情的故事”，系为《水浒》拟内阁名单，噱浪笑傲，令人绝倒：“内阁总理：铁扇子宋清（标准饭桶），内阁总长：潘金莲，外交总长：三寸丁武大，工商总长：西门庆，财政总长：鼓上蚤时迁（善走黑市），教育总长：黑旋风李逵，陆军总长：小霸王周通（善挨揍），海军总长：白日鼠白胜（耗子浮水是新闻）……”

傅斯年说：“谁都没有资格骂胡适之，只有我可以骂，只有我才有资格骂。”

胡适曾不无得意地说：“白话文的局面，若没有‘胡适之陈独秀一班人’，至少也得迟二三十年。”

抗战时期，柳亚子在桂林一次演讲中问听众：“中国当前人物谁最伟大？”当听众应答后，他说：“非也，当前最伟大的人物只有三个：第一个是毛泽东，第二个是李济深，第三个，我，柳亚子。”

白崇禧将乔大壮的稿子改了几个字。乔当面严责：“阁下是总参谋长，我是中央大学文学教授，各自有一行，如若你能改我的文章，我也改你的作战计划，行不行？”白哑口无言，只得再改回来。

废名教大一国文，上第一堂课时讲鲁迅的《狂人日记》，一开头他就说：“对《狂人日记》的理解，我比鲁迅先生自己理解得更深刻。”

马寅初常常对人说："言人之言者易，言人之欲言者难，言人之不敢言者就更难。我就是要言人之欲言而不敢言之言。"

1950年，苏步青在浙江大学的思想改造运动中受到侮辱，束星北气愤之极，把节约委员会主任像揪小鸡一样地揪起来，一拳打过去，大骂："你知道苏步青是什么人吗？你们算什么东西？"结果苏步青解脱了，他却因殴打革命干部，抗拒运动，成为浙江大学斗争批判的罪魁。

有人问钟兆琳："交大这个学校和钟先生的水平如何？"钟兆琳说："全国学校，数交大好。交大出名的是电机系，而电机系里就数我老钟了。"

李敖公开自称："50年来和500年内，中国人写白话文的前3名是李敖、李敖、李敖！"

挚谊 第九

杨度和孙中山留学日本时，经常就国内形势展开讨论，甚至辩论，但往往谁也无法说服对方。杨度回国前，曾拉着孙中山的手说："我主张君主立宪，一旦告成，希望先生可以助我；先生号召民族革命，先生成功，我也会放弃我的主张，以助先生。都是为国，不必互相妨碍。"

苏曼殊在香港期间，心情一直很郁闷。当时同在报社工作的王秋渭曾这样回忆苏曼殊："某日，苏子穀（即曼殊）来访馆中同事某君，遂下榻矣。子穀稚气未除，衣履不整，……性嗜闲食，行动怪诞。同事以其为书呆子，多不与语，独某君则殷勤招待备至。子穀在港，除某君外，别无友侣。"

鹿传霖生性耿直，刚正不阿，政见与小舅子张文襄经常不合，时而会有口角纷争。二人平时无芥蒂，只是在政论上，互不相让。日久即习以为常，经常吵过之后又相视而笑。一天，讨论筹备立宪年限问题，鹿认同七年，张坚持十年，二人遂拍案对骂。张指着鹿说："蠢鹿无知觉，不足以语人事。"鹿回敬张说："獐吃人，真可杀耳。"于是不欢而散。后来鹿夫人回娘家，张笑着对其姐说："弟乃一獐耳。”其姐笑着说：“芝轩告诉我说，我的弟弟称他为蠢鹿，他称你为獐，那我岂不成了鹿之妇，獐的姐姐了？希望你们以后不要再怪语相谑，有失大体。”文襄默然不语。

袁金铠自称老夫子，在白山黑水间很有名声。赵尔巽督辽时，爱其人才，向朝廷推荐。被授为三品京堂。民国后，袁金铠以遗老自居，对地方政事经常参与。张作霖掌权后，和他结为兄弟。袁金铠年长，张作霖称呼他为大哥，张学良对其也相当恭敬，称其为“六大爷”，言犹称呼伯父。

1922年，闻一多到美国芝加哥大学攻读西方绘画艺术。翌年，梁实秋也来到美国，进了科罗拉多泉大学。梁实秋到科泉后，马上给闻一多寄去一封信，里面装着12张当地的自然风光画片，在其中一张的背面写了一句话：“你看看这个地方，比芝加哥如何？”一周后，闻提着一只大皮箱突然出现在梁实秋跟前，把梁吓了一跳。原来闻一多已从芝加哥大学转到了科泉大学。

冰心在威尔斯利女子大学研究院时，常收到吴文藻寄来的有关文学的书，老师对冰心课外阅读之广，颇感惊奇。当她告诉老师有中国朋友给她寄书时，老师说：“你的这位朋友是个很好的学者！”

1927年4月，李大钊等共产党员被捕。杨度和章士钊多方奔走营救未果。被捕同志牺牲后，杨度变卖了在京房产，倾其所有周济遇难者的遗族。

1928年，丰子恺为预祝弘一法师50岁生日，在上海与法师合作《护生画集》第一集，共50幅，由丰子恺作画，弘一法师题诗，一诗一画对照。1939年，弘一法师60岁时，丰子恺完成了《护生画集》第二集60幅。弘一法师更要求丰子恺在他70岁时作《护生画集》第三集，80岁时作第四集……直至100岁作第六集。

1928年，无产阶级革命家裘古怀英勇就义。他在狱中写给妻子的信中说：“我死后，希望你不要太封建，你应当重建你的家庭，找一个情投意合的正派人，如果你还纪念我的话，希望你以后生下的第一个孩子就叫他‘念怀’。”

1929年，年仅34岁的徐悲鸿担任北平国立艺术学院院长，他决定聘请齐白石担任国画系教授，曾三次亲临齐家，诚意敦请。二人由此结下了深厚的友谊。齐氏激动之余，精心绘制了一幅山水画送给徐悲鸿，并在画上题诗：“少年为写山水照，自娱岂欲世人称。我法何辞万口骂，江南倾胆独徐君。”

1930年2月，梅兰芳首次在美国演出京剧，其绚丽多彩的舞台魅力使众多观众为之倾倒。人们排着长队依次同他握手，将一种花命名为“梅兰芳花”，还新编了一首“梅兰芳歌”。

1930年，成舍我自欧洲带回来一只轻巧坚固的纸箱。上海的南京大马路四大公司均无此货。张佛千对这个箱子爱不释手，成立即相赠。后张保存此箱一甲子以上，锁及把手都已坏了，仍作为“爱晚斋藏牍”之用。张对成说：“我对得起赠我箱子的人了！”成大笑。

红军时期，在一次战斗中，三军团某营遭敌人围困，彭德怀军团长命一营长急去解围，未果，溃退而下。营长归来，彭总大怒，命钟伟：“把这个营长毙了！”钟伟讷讷应诺，推营长出门外，拔枪朝天放，轻声附营长耳说：“快走，避几日，千万不要露面！”钟伟遂率部下勇突敌阵解某营围。

张大千与江紫宸比诗，输掉了祖上旧藏王羲之的《曹娥碑》。10年后，张母病重，对大千说想看一看《曹娥碑》，大千推说放在苏州了。老母亲要他回苏州拿来。《曹娥碑》已被江氏卖掉，大千回到苏州，度日如年。恰巧叶恭绰来访，闻其心事，大笑，说《曹娥碑》正在他手里。大千闻之大喜，诺以重金买回，或借来给母亲观后奉还，岂料，叶恭绰说，这原是张家祖上旧藏，太夫人又在病中，愿以原物归还，不取分文。事后，张大千对人说："恭绰风概，不但今人所无，求之古人，亦所未闻。"

金岳霖对章士钊说："你只比我大 13 岁，可是，我曾经把你看作大人物，背过你的文章。"章说："这很简单，我比你大 13 岁，但是，在你 1 岁的时候，我比你大 13 倍，你 15 岁的时候，我已经 28 了，正是写文章的时候，要是我一直比你大 13 倍，那还得了，那我已经成为明朝的人了。"

陶行知与翦伯赞交谊颇深，翦爱吸香烟，而陶不吸，但常以友人赠己者转赠翦伯赞。一日，一美国友人赠陶一支好烟，陶用纸包好托人送到翦处，并附诗一首："抽一支骆驼烟，变一个活神仙，写一部新历史，流传到万万年。"

抗战时在昆明，陈寅恪住三楼，傅斯年住一楼。每次警报一响，大家"闻机而卧，入土为安"，往楼下防空洞跑，只有傅斯年"背道而驰"，奔向三楼把患眼疾的陈寅恪扶下楼来，一起进洞。

解放后，冯友兰曾与郑振铎同团出访国外，两人年龄相若，而风貌迥异。冯看上去很威严，说话有点口吃。郑振铎开玩笑的对象往往就是冯友兰。他经常喊芝生先生(冯友兰)为"大胡子"。有一次，理发师正给冯先生刮脸，郑站在旁边起哄，连声对理发师高呼："把他的络腮胡子刮掉！"理发师不知所措，一失手，真把胡子刮掉一块。这时候，郑大笑，旁边的人也跟着哄笑。然而冯先生只是微微一笑，神色不变。

周谷城与梁思成曾在北京人民大会堂湖南厅开会。其间，周谷城指着墙上挂着的画问梁："大师，那张画有什么用？"梁思成回答："补壁。"周会心大笑，从此视梁为知己。

一次，季羡林去“四联理发店”理发，遇见老舍也在。两人点点头，打了招呼，各自坐在椅子上让师傅替他们理发刮脸。老舍理完发先走了。等季羡林理完后到柜台上付账时，收款员悄悄地对他说：“刚才那位先生已经替您付了。”季羡林大为感动。

胡适晚年，和一位叫袁瓞的卖芝麻饼的小贩成了朋友。胡在给袁的回信中说：“我们这个国家里，有一个卖饼的，每天背着铅皮桶在街上叫卖芝麻饼，风雨无阻，烈日更不放在心上，但他还肯忙里偷闲，关心国家大计，关心英美的政治制度，盼望国家能走上长治久安之路——单只这件奇事，已够使我乐观，使我高兴了。”一次，胡适心脏病复发住院。他的朋友拿来一个芝麻饼说：“我给你吃一样东西，相信你没有吃过！”胡适见是芝麻饼，笑着说：“我早就吃过了，这是我的一个朋友做的。”天真的胡适以为，偌大的台北市，芝麻饼都是“我的朋友”袁瓞一个人做的。

袁鸿寿写梁漱溟：梁老之慈祥正直，乐于助人，我们是万万不能及的。“文革”中，我在最困难的时期，每月只给生活费 9 元，梁老闻之，不让我求助于我的老伴。他说：“妇女受不得刺激，你还缺多少？”我说：“我不能戒烟，每月还缺 14 元。”他立刻给我 28 元。他补充说：“我平时修养不够，现在冤假错案，如此之多，心中很有不平之感。”

张学良 90 大寿那天，台湾各界名流皆来祝贺。席间，做过蒋经国时代“行政院长”的孙运璇应邀致辞，他说：“我是以学生的身份，以感恩的心情来拜寿的。早年我就读于哈尔滨大学，张学良是校董，他每月为经济困难的同学补助 60 元的生活费，使我们这些人得以完成学业。我代表当年的同学，祝张学良福寿无疆、万事如意！”说完，他往自己的酒杯倒满酒，举杯走向张学良，感激地说：“没有您就没有我！”仰首将酒一饮而尽。

深情第十

鲁迅对弟弟一向是厚爱有加。1900 年 2 月，鲁迅离开故乡前往南京继续求学时曾写过《别诸弟三首》，其中之一写道："谋生无奈日奔驰，有弟偏教各别离。最是令人凄绝处，孤檠繁长夜雨来时。" 1901 年 4 月，他在南京写下另一首："梦魂常向故乡驰，始信人间苦别离。夜半倚床忆诸弟，残灯如豆月明时。"

黄侃曾作七律《闺情》诗曰："一丈红蔷荫碧溪，柳丝千尺六阑西。二情难学双巢燕，半枕常憎五夜鸡。九日身心百梦杳，万重云水四边齐。十中七八成虚象，赢得三春两泪啼。"诗中用一、二、三、四、五、六、七、八、九、十、百、千、万、半、双、两等数词，一气呵成，颇为有趣。

邹钟琳临终前，对身边的人说："我死后，帮我采一朵鲜花，戴在胸前，花上要放一只瓢虫，和我一起火化。"

梁启超在美国时，与何惠珍相识，两人互生爱慕之情。梁心思起伏，写信告之李蕙仙："近年以来，风云气多，儿女情少，然见其事，闻其言，觉得心中时时刻刻有其人，不知何故也……余归寓后，愈益思念惠珍，由敬重之心，生出爱恋之念来，几乎不能自持。酒阑人散，终夕不能成寐，心头小鹿，忽上忽下，自顾二十八年，未有此可笑之事者。今已五更矣，起提笔详记其事，以告我所爱之蕙仙，不知蕙仙闻此将笑我乎，抑恼我乎？”李蕙仙收到信后，有意成全此事。但梁启超最终理智战胜了情感，未与何小姐有进一步的发展。

1910 年夏天，胡适留学美国。远离故土，孤独难抑，作《蝴蝶》一诗：“两个黄蝴蝶，双双飞上天。不知为什么，一个忽飞还。剩下那一个，孤独怪可怜。也无心上天，天上太孤单。”

苏曼殊从小丧父，12 岁时，被慧龙寺的长老看中收作弟子。成年后参加了革命。苏曼殊死之前，写信给广州的老友萧纫秋，信上只画了一个鸡心，旁边注明“不要鸡心式”。别人都不懂是什么意思。萧纫秋是他的挚友，叹气道：“和尚就要死了。他大概是想托我在广州买块玉佩，好带着去见他地下的未婚夫人吧！”玉佩带到上海后，苏曼殊已在弥留之际。看到玉佩，他强撑着把玉放到唇边亲了一下，即带着笑容离去。

胡适 14 岁时，就奉母命与江冬秀订婚。18 岁时，母亲又命他由上海回家结婚。胡适以事业未成，求学要紧，并未回乡成婚。直到他 27 岁时由美国回来出任北京大学教授后，才与江完婚。胡适有诗：记得那年 / 你家办了嫁妆 / 我家备了新房 / 只不曾捉到我这个新郎 / 这十年来 / 换了几朝帝王 / 看了多少世态炎凉 / 锈了你嫁妆剪刀 / 改了你多少嫁衣新样 / 更老了你和我人儿一双 / 只有那十年的陈爆竹 / 越陈便越响。婚礼那天，江冬秀穿花袄，花裙；胡适穿西装礼服，戴礼帽，穿黑皮鞋；两人相对，恭恭敬敬地行了三鞠躬礼。胡适还发表了一通演讲。新婚期间，胡适写了几首白话诗，记闺房之情趣，其中一首是这样写的：“十三年没有见面的相思，于今完结，把一桩桩的伤心旧事，从头细说，你莫说你对不住我，我也不说对不住你——且牢牢记取这十二月三十夜的中天明月！”

林语堂和廖翠凤举行完婚礼后，林对妻子说：“咱们把婚书烧了吧。这东西只有在离婚时才会用得着。”廖翠凤同意，于是二人把婚书烧掉了。

胡适的三嫂有一个同父异母的妹妹，叫曹佩声，比胡适约小10岁。1923年，胡适在杭州与曹佩声重逢，“恨不相逢未嫁时”，两人很快便缠绵难舍。为此，胡适作诗云：咬不开，捶不碎的核儿/关不住核儿里的一点生意/百尺的宫墙，千年的礼教/锁不住一个少年的心！但胡适最终还是舍爱求名。已为胡适离了婚的曹佩声遭此重创，万念俱灰，差一点遁入空门。

鲁迅从来不忌讳用最坏的恶意揣测国人，但当增田涉问及“是否后悔做一个中国人”时，他“眼含泪花，低沉着声音答：‘不，我爱中国人！’”

徐志摩对陆小曼爱得死去活来，他在给陆的情书中写道：“你激动了我的痴情，我说出来你不要怕，我有时真想拉你一同去死，去到绝对的死的寂寞里去实现完全的爱，去到普通的黑暗里去寻找唯一的光明。”

韦莲司对胡适一往情深。她在给胡适的信中说：“好几次你问我，是不是生了你的气？这似乎是个奇怪的问题，我是永远不会跟你生气的，有时只是现实的情形让我伤心，这就是生活，对不对？……你觉得要是我结婚，你就能从责任及负担中解脱出来，而不知道（我从未）要你感觉有任何责任和负担。想到这点，也让我伤心。我没有要和你结婚……恐怕，我是不会为了讨你欢心而去和别人结婚的……”

梁思成在加拿大与林徽因结婚前夕，给准爱妻写了一封信，商讨行礼事宜：“……你的腿能够跪拜否？若能，则婚礼后第二天新夫妇同到领事馆向两家祖宗及父母双双遥拜；如不能屈膝则双双鞠躬亦得，总之行最恭敬礼便是了。”

李蕙仙去世后，梁启超悲痛万分，泣泪纵横，作《祭梁夫人文》：“我德有阙，君实匡之；我生多难，君将扶之；我有疑事，君榷君商；我有赏心，君写君藏；我有幽忧，君噢使康；我劳于外，君煦使忘；我唱君和，我揄君扬；今我失君，只影彷徨。”

郁达夫结婚后不久，有一段时间住在静安寺附近嘉禾里。腊月的一天，郁达夫被朋友约去吃饭，结果一夜未归。原来，郁达夫醉倒在了嘉禾里的街口上，拥着冰雪睡了半夜。被发现时，一件皮袍子冻成了毡块。其妻王映霞心惊不已，从此立下“禁令”：凡是约郁达夫出去吃饭或喝酒，必须负责将他伴送回家，如果没有人保证的话，就不许他出门。

沈从文在给张兆和的求爱信中写道：“我行过许多地方的桥，看过许多次数的云，喝过许多种类的酒，却只爱过一个正当最好年龄的人。我应当为自己庆幸……”沈还在情书中大胆表白：“我不仅爱你的灵魂，我也爱你的肉体。”

张兆和在 1938 年 1 月 31 日给沈从文的信中写道：“在这种家书抵万金的时代，我应是全北京城最富有的人了。”

胡絜青手巧爱做衣裳。朋友们告诉老舍：你看胡絜青，每天准换一身衣裳。老舍赶忙去信说：“……我可没钱供你，看来，你跟我好，就得牺牲这衣裳。我不能像外国人似的，在外面把老婆捧得老高，回家就一顿打。我不会欺负你，更不会打你，可我也不会像有些外国男人那样，给你提着小伞，让你挺神气地在前头走，我在后头伺候你。”

吴晗的母亲反对他与患病的袁震结婚：“只要你答应不同她结婚，我可以把家乡的房屋、田产全部变卖了替她治病，替你尽心！”吴晗满含热泪地对母亲说：“您完全错了！我们相爱，是因为我们今生今世互相不可缺少，我不能没有她，她也不能没有我，这种同生共死的感情，是一万两黄金也买不到的！”

顾颉刚在给妻子的信中谈到新旧思想对媳妇概念的不同理解，“我们对于媳妇的观念，第一件是人；第二件是夫妻。他们对于媳妇的观念，第一件是长辈；第二件是儿女；第三件是家庭的门面。”

老舍的初恋情人是资助他上学的刘寿锦之女，虽然他们的初恋无果而终，但老舍对其刻骨铭心，终生难忘。多年以后，老舍写道：“说也奇怪，我在梦中的女性永远是‘她’。梦境的不同使我有时悲泣，有时狂喜；恋的幻境里也自有一种味道。她在我的心中，还是十七岁时的样子：小圆脸，眼睛秀中带着一点媚意。身量不高，处处都那么柔软，走路非常的轻巧。那一条长黑的发辫，造成最动心的一个背影。”大约过了二十多年，老舍仍在文中倾诉他的思念：“……我们分离有许多年了，她还是那么秀美，那么多情，在我的心里。她将永远不老，永远只向我一个人微笑。”

冯友兰曾说，他一生得力于三个女子：一位是他的母亲吴清芝，一位是他的夫人任载坤，还有一个是他的女儿宗璞。1982年，冯友兰在女儿的陪同下访美。临上飞机前，冯即兴作了一首打油诗：“早岁读书赖慈母，中年事业有贤妻。晚年又得女儿孝，扶我云天万里飞。”

沈从文对自己的婚姻非常满意。他说：“对于这件事，我却认为是意志和理性促成的。恰如我用笔写成的故事，内容虽近于传奇，但由我看来，都产生在一种计划中。”

多年以后，林徽因告诉儿子：“徐志摩当时爱的并不是真正的我，而是他用诗人的浪漫情怀想象出来的林徽因，可我其实并不是他心目中所想的那样一个人。”

梁思成与妻子林徽因感情真挚，两人约定：谁先死，活着的要为他设计墓碑，连图也要亲自画，不能找别人代替。1955年，林去世后，梁为她设计了墓碑。

1969年冬，沈从文在下放前，一个人在家里整理东西，屋子里乱得无处下脚。张兆和的二姐张允和来看他，要走的时候，沈叫住了她："莫走，二姐，你看！"说着从口袋里掏出一封皱皱巴巴的信，"这是三姐给我的第一封信。"接着就吸溜吸溜哭了起来，快70岁的老头哭得像一个小孩子。

梁实秋在垂暮之年与比他小30岁的台湾明星韩菁清相恋并结婚。他说："我只是一个凡人——我有的是感情，除了感情以外我一无所有。我不想成佛！我不想成圣贤！我只想能永久永久和我的小娃（韩菁清）相爱。人在爱中即是成仙成佛成圣贤！"

钱三强与何泽慧大学毕业后，到不同的国家留学。钱三强在给何泽慧的求婚电文上写："经过长期通信，我向你提出结婚的请求。如能同意，我将等你一同回国。"何泽慧在回电中写道："感谢你的爱情，我将对你永远忠诚，等我们见面后一起回国。"

豁达第十一

文肃曾与曾国藩有隙。文肃授意陈右铭中丞居中调解，中丞首肯。陈右铭到金陵后，与曾国藩闲谈，缓缓说道："有父子兄弟四人，操舟为业，舟驶入河中，三人撑篙，一人掌舵；中途遇风，互相谩骂，几乎忘记是一家人；等舟泊风停，欢笑如故，此所为小人喜怒无常也。"曾国藩说："不然，彼父子兄弟反目，是惧怕舟覆没而弃身大海，因此没有仇怨。舟停言归于好，又有何疑呢？"中丞说："然而，公与沈公之争，是担忧江南不保，今江南平定，而两公仿佛仍有不解之隙，岂非还不如泛舟者吗？"曾国藩笑曰："公妙语解人，不才愿认过。"于是立即写信给文肃，和好如初。

潘光旦平易近人，饶有风趣，没有大教授架子。由于多年吸烟，其牙齿黄得发黑，特别是门牙东倒西歪，分外难看。1949 年秋，在清华社会学系的一次迎新会上，一位新同学竟说，世界上最丑的事物是潘先生的牙齿。众人大笑不止。潘教授不仅不气，反而笑道："我的牙齿的确不雅观，但是否是世界上最丑的事物，还有待商榷。"

1909 年秋，章太炎与孙中山发生政治理念上的严重分歧，章竟在日本华文报上著文恶攻孙中山。蔡元培称章“尤为无理取闹”。四年后，孙中山致信蔡元培，谈民国政府之用人，认为康有为反对民国之旨，终难聚合，而“至于太炎君等，则不过偶于友谊小嫌，决不能而与反对民国者作比例。尊隆之道，在所必讲，弟无世俗睚眦之见也”。

鲁迅家里曾有两个保姆，一次，不知为何吵了起来。鲁迅受不了整日的吵闹病倒了。隔壁的小姑娘俞芳问鲁迅：“先生，您为什么不喝止她们呢？”鲁迅笑着说：“她们闹口角，是因为彼此心里都有气，口角虽然可以暂时压下去，但心里的那股‘气’是压不下去的，恐怕也要失眠。与其三个人都失眠或两个人失眠，那么还不如让我一个人失眠算了。”

有些人并不对鲁迅攻击，却受了鲁迅的笔伐，如张若谷、曾今可等。鲁迅曾说：“我对他们也并没有什么仇。但因为他们是代表恶势力的缘故，所以我就做了堂·吉诃德，而他们却做了活的风车。”关于堂·吉诃德这一名词，是钱杏邨他们奉赠给鲁迅的。鲁迅对这名词并不嫌恶，反而是很喜欢的样子。同样，叶灵凤引用了苏俄讥高尔基的画来骂鲁迅，说他是“阴阳面的老人”，鲁迅也笑着说：“他们比得我太大了，我只恐怕承当不起。”

朱复戡以号行世，本名朱义方。1919年，刚从日本学习绘画后归国的张大千，慕名拜访朱老先生，想向他学习书法。张到朱府后便问朱复戡：“朱义方是不是贵府的老太爷？”朱说：“本人就是朱义方，只此一家，别无分号。”张说：“吾兄切莫开玩笑，请让我一见朱义方老先生。”朱又答道：“在下确是朱义方。”张大千无奈，仍将信将疑。

章士钊以古文词雄于世，常贬胡适提倡的白话文为浅薄，因而，彼此之间有些失和。一次，二人偶同筵席，因晤谈颇洽，乃合摄一影，各题诗词。章诗曰：你姓胡来我姓章 / 你讲什么新文字 / 我开口还是我的老腔 / 双双并坐各有各的心肠 / 将来三五十年后 / 这个相片好作文学纪念看/哈，哈，我写白话歪词送与你/总算是俺老章投了降。胡诗曰：但开风气不为师，共生此言吾最喜。同是曾开风气人，愿常相亲不相鄙。

金岳霖经常鼓励学生要有自己的见解。一次，在一个逻辑讨论大会上，有人提到了当时极负盛名的歌德尔的一本书，金岳霖立即说要买来看看。他的学生沈有鼎马上对先生说："说老实话，你看不懂的。"金岳霖闻言，说："哦，哦，那就算了。"

刘文典性情孤傲、乖僻，对新文学的兴起一直心存芥蒂。抗战时期在西南联大，一次跑空袭警报时，路遇同样在跑警报的中文系同事沈从文，刘文典正言厉色地对沈从文说："你跑什么？我跑，是因为我炸死了，就不再有人能讲《庄子》了。"面对刘的莫名挑衅，沈从文一言未发，扭头而去。

徐志摩下棋，落子飞快，但是隐含章法。梁实秋与其对弈，三五十着后即不敌，徐志摩立即含笑而起，不计较胜负。

许地山到英国，住在老舍那里。一日，许地山去伦敦城里，日落时才回来，进门便笑，而且不住地摸他刚刚刮过的脸。老舍莫名其妙。许又笑了一阵才说："教理发匠挣去两镑多！"老舍大吃一惊。那时候，在伦敦理发普通是八个便士，理发带刮脸也不过是一个先令，"怎能花两镑多呢？"原来是理发匠问许地山什么，许便答应什么，于是用香油香水洗了头，电气刮了脸，结果就花去两镑多。

20世纪30年代，阳翰笙发表了颇有影响的长篇小说《地泉》。《地泉》再版时，阳恳请茅盾为作序。茅盾直言不讳地对他说："你的《地泉》是用革命文学的公式写成的，要我写序嘛，我就毫不留情地批评它！"阳翰笙并不在意，仍然坚持要茅盾作序。盛情难却的茅盾只得写了《〈地泉〉读后感》。他在《序》中写道："《地泉》描写人物运用的是脸谱主义手法；结构故事借助于'方程式'；而且在语言上也是用标语口号的言辞去表达感情。因此，从整个作品来讲，《地泉》是不很成功的。”不久，《地泉》再版了，阳翰笙毫不遮丑，一字不漏地把茅盾的《序》印在了里面。

胡适就任“中央研究院”院长之后不久，提出一个“国家长期发展科学计划纲领”交给院内总办事处的办事人员去油印。印好送来时，发现里面有错字，还有错页。胡颂平把错字校正了，送回去请他们重新装订。胡适叮嘱胡颂平：“偶然的错误，任何人都是免不了的。你请他们重新装订好了，千万不要责备他们，还要谢谢他们。”

钱钟书在联大外文系执教时不满30岁，才华横溢，也颇有点年轻气盛。他在评价联大外文系教授的学术水平时说“陈福田（时任联大外文系主任）太俗，吴宓太笨”，这样的话当然让别人很难接受。当联大外文系决定不再续聘钱钟书任教时，为钱钟书所诟病的吴宓却站出来为其鸣不平，亲自找系主任陈福田做工作，劝说陈福田和其他教授留住钱钟书。后来虽因钱钟书一时心高气傲，拒绝受聘而未果，但吴宓的雍容大度却在联大传为佳话。

王季思少年时爱好体育运动，在竞技场上养成好胜习气，常因小事与人争执，并说“是可忍孰不可忍”。夏承焘劝王说：“当于忍无可忍之处，常存若无其事之心，才能专心治学，不以杂务分心。”

冯友兰的“贞元六书”中的《新世训》《新理学》《新事论》三书出版后，得到诸多好评，一时声名鹊起。为此，蒋介石还特地召见了冯，以示对学界的关注。然而联大师生对此事却分外不满。一些学生还特地在壁报上画了一幅漫画讽刺冯：画中三书合成台阶样，阶上有一长须老人正拾级而上。冯友兰下课，正巧路经此处，他背着手，细细观看着壁报上的漫画，点着头说：“样子很像，很像。”

梁漱溟对生死看得很开。曾有一位生活孤苦的老人向他请教：“先生，人什么时候才能得到解脱呢？”梁一字一顿回答：“佛家对生命的态度是不求生、不求死。”

汪楞伯曾言：“齐如山是拿梅兰芳当作试验品。”如老闻听后说：“汪君的话，我自然不敢当；但若没有梅兰芳，我编的戏就没有办法演出是实情；演出而不会如此精彩更是实情。”

有一次台大举行校务会议，出席的教师单位主管大约有九十多人。不知为了什么问题，法学院的几位教授，联手向傅斯年发难。然而傅斯年从容应付，教授们一直拿他没有办法。等到下午继续开会时，这批人却受到另外一批人的攻击，这时傅斯年笑了，他说：“剃人头者，人亦剃其头，此之谓欤？”

朱自清写叶圣陶：大家聚谈的时候，他总是坐在那里听着。他却并不喜欢孤独，他似乎老是那么有味地听着。至于与人独对的时候，自然多少要说些话；但辩论是不来的。他觉得辩论要开始了，往往微笑着说：“这个弄不大清楚了。”这样就过去了。他又是个极和易的人，轻易看不见他的怒色，他辛辛苦苦保存着的《晨报》副刊，上面有他自己的文字，他特地从家里捎来给我看；而我随便放在一个书架上，给散失了。当他和我同时发现这件事时，他只略露惋惜的颜色，随即说：“由它去吧，由它去吧！”

于右任为人仁慈厚重。对于求字的人，向来是有求心应，而且不问对方的身份、地位。有人曾问他：“每天写这么多字，难道不累？”于老笑着说：“写字是最好的运动，也是快乐的工作。人家求你的字，总是喜欢你的字，就写吧！”

林语堂在压力之下，也能保持他的幽默感。1954 年，他出任南洋大学校长之后，左派人物便想办法把他弄下台。新加坡的许多报纸都攻击他，小报更加凶恶，有一家小报竟然刊登了一个人的照片，加以说明是“林语堂的兄弟，是一个吸毒的挖坟墓的人”。林语堂看了十分生气，对父亲说：“他们怎么可以这样胡闹？”父亲把报纸拿过来一看，微笑道：“面貌倒有点像我。”

20世纪60年代，当《人民日报》《人民文学》等报刊登载出郭沫若的白话诗以后，刚刚分配到科学院电子研究所从事语言学工作的陈明远给郭沫若写信，措辞尖锐地批评道：“读完那些连篇累牍的分行散文，人们能记住的只有三个字，就是您这位大诗人的名字。编辑同志大概对您的诗名感到敬畏，所以不敢不全文照登；但是广大读者却对您的诗名寄托希望，所以也不能不表示惋惜，甚至因失望而导致嘲笑挖苦。”郭沫若给陈明远复信，对他敢于说真话表示赞赏。信中说：“我实在喜欢你，爱你……我告诉你，你的信一点不使我‘烦忧’，而且是非常高兴！”

“四人帮”倒台后，艾青被错划为右派长达21年的问题终于得到纠正。平反结论为：“搞错了。”诗人感慨地说：“‘搞错了’三个字来之不易，每个字代表7年！但是，黑暗的一页毕竟结束了。在第四次全国文代会上，我只说了三个字：俱往矣！”

刘叶秋晚年时，家人为了让他读书方便，在两个屋子之间搭了一个2.7平方米的小室给他。刘老取2.7的谐音，称小室为“二密栖”，并为之作《舟室铭》自勉。诗中说：“寸土偶空，辟兹舟室。不足回旋，聊堪容膝。可供啸歌，可读经史。虽小何碍，纵大无取。泰山沧海，微尘涓滴。钜细齐观，佛家真谛。天游在心，布衣雄世。”

梁漱溟与冯友兰是老同学。冯90华诞，设家宴请任继愈、张岱年、李泽厚等名人参加，也请了梁漱溟。梁不但没有赴宴，还给冯写了一封措辞非常另类的信，大意是北大旧人惟我二人存矣，应当会晤，只因足下曾谄媚江青，故不愿来参加寿宴。而且信上竟无上款。冯友兰虽然觉得羞辱，仍对梁的耿直深感敬佩，复函说：“非敢有憾于左右，来书直率坦白，甚为感动，以为虽古之遗直不能过也。”

性情第十二

严复给孙女取名，都是“某某云”。“云”表谱名，“云”上的那个字都带有单人旁表命意。一孙女名倚云，取自唐诗“日边红杏倚云栽”之句；另一孙女叫倬云，取自《诗经》中的“倬彼云汉”。严复的孙女一个接一个地出生，他觉得诸孙皆女，何以克绍箕裘？便给新出生的孙女取名停云，希望子媳停窑改产。思想开通的严复，也未能泯除重男轻女的封建意识。

季羡林与沈从文一起到中山公园去游逛。他们要了一壶茶，季正要拿起壶来倒茶，沈连忙抢了过去，先斟出了一杯，又倒入壶中，说只有这样才能把茶味调得均匀。

1944 年 9 月 7 日，参政会结束后，蒋介石宴请傅斯年。席间，蒋问傅：“你信任我吗？”傅答：“我绝对信任。”蒋说：“你既然信任我，那么，就应该信任我所任用的人。”傅一听，十分激动：“委员长我是信任的，至于说因为信任你也就该信任你所任用的人，那么，砍掉我的脑袋，我也不能这样说！”

尤太忠将军下部队喜欢数猪。每至一个连队，不问人多少，只问猪多少。连队干部若答错，必遭痛骂。若答少一头，将军曰：“官僚主义。”若答多一头，将军曰：“弄虚作假。”是故，将军下部队，秘书必先通知部队领导：“人多少，没关系，一定要把猪数清，少一头不行，多一头也不行。”

高剑父喜穿西服，为了方便画画和举手，常将两个袖子裁得极短。他常年不穿袜子，只穿一双长筒的黑色皮鞋。

张世勋经常不修边幅。一天，张的女婿见他从图书馆出来，敞襟露胸，便劝他扣上扣子。张举着几本书大声说：“有那么多要紧事都做不完，哪里顾得上这些？”

李鸿章从曾国藩手中接任直隶总督兼北洋通商事务大臣时，曾问李：“你与洋人交涉，打算作何主意？”李鸿章答：“门生也没有打什么主意……不管什么我同他打痞子腔。”曾国藩听后，不语。良久，说：“呵，痞子腔，我不懂得如何打法，你试打与我听听。”李慌忙改口，认错，请教。曾于是说：“依我看来，还是用一个‘诚’字。”然而，李鸿章在外交上终未能甩掉他那身“痞气”。

章太炎嗜卤食，尤喜臭腐乳。一次，画家钱化佛带一包臭咸蛋至章家，章见之欣然大乐。章知钱的来意，不待其开口便说：“你要写什么，只管讲。”钱于是拿出好几张斗方白纸，请章写“五族共和”四个字，并用“章太炎”三字落款，不要用“章炳麟”。章不出一声，一挥而就。隔两日，钱又至，这次带来一罐极臭的苋菜梗，章乐不可支，又说：“有纸只管拿出来写”，钱仍要“五族共和”四字，章毫不犹疑，一气呵成写了四十多张。

陈独秀性格刚硬。少时，祖父教其读书，管教甚严，小独秀常因背不出书而遭受皮肉之苦，然无论如何挨打，他总一声不哭。祖父为此怒不可遏，不止一次愤怒而伤感地骂道：“这个小东西，将来长大成人，必定是一个杀人不眨眼的凶恶强盗，真是家门不幸！”

辜鸿铭对学生要求很严，上课之前先和学生约法三章，若有难以接受者，趁早退堂。但辜老先生古文烂熟于胸，英文又呱呱叫，加上诙谐幽默，一般是没有学生退堂的。讲到得意处，他会忽然唱段小曲，或者从长袍里掏出几颗花生糖果大嚼，令人忍俊不禁。

鲁迅年轻时，不修边幅，头发已经很长了仍然不理，加上经常冷然静坐，酷似枝头上兀立的猫头鹰，因此，他的同学钱玄同送其绰号“猫头鹰”。

辜鸿铭喜征逐之乐，故不修边幅，既垂长辫，而枣红袍与天青褂上之油腻，尤可鉴人，粲者立于其前，不须揽镜，即有顾影自怜之乐。先生对于妓者颇有同情，恒操英语曰：Prostitude 者，Destitude 也（意谓卖淫者卖穷也）。先生多情而不专，夫人在一位以上。尝娶日妇，妇死哭之悲，悼之痛，历久不渝。先生尝患贫，故一闻丐者呼之声，立即拔关而出，畀以小银币一二枚，勃窣之声，尝因之而起。

王国维始终留着他的辫子，每天早晨漱洗完毕，他的妻子替他梳头，一次她事情忙了，或有什么事情烦心，就嘀咕说：人家的辫子都剪了，你留着做什么？他的回答很值得玩味，他说：既然留了，又何必剪呢？

有一天，一个外国顾问为起草文件，来向辜鸿铭先生请教一个英文用法。辜默然不语，走到书架上抱起一本又厚又重的英文字典，砰的一声丢在那外国顾问的桌子上说：“你自己去查去！”

颜惠庆任国务总理时，有一个外国新闻记者前去采访，会谈一个小时，颜说话占了45分钟，口若悬河，滔滔不绝。记者非常高兴，以为一定可以写一篇长篇通讯发表。等到返回住地，伏案起稿时，却想不出颜究竟说的是什么内容。原来，颜虽无话不说，却东一句西一句，七拉八扯，虽然讲了45分钟，其实言之无物。

苏曼殊单纯，且为人率直。苏在美国时，见一肥胖女子，体重逾两百公斤，腿粗如桶。苏上前问她："你是否想找一个和你体重差不多的男朋友？"肥女回答："不。我喜欢瘦一点的。"苏又说："我正好很瘦，做你的男朋友如何？"

黄侃有个怪癖，他住朋友的房子，住得不舒服的时候，就会在墙纸上挥笔写道：此屋有鬼不可住。黄侃在北京时曾住吴承仕的房子，后因关系不和，吴令其搬家。黄侃搬家之前，爬到房梁上写了一行大字：天下第一凶宅。

陈独秀秉性固执，特立独行。1919年，陈因政治活动被北洋政府拘捕，唐德刚认为其主因并非全在"思想问题"，"其中可能还有私怨。陈氏为人倨傲，而又私德不修"。

1921年，紫禁城里装上了电话。溥仪在电话本上看到京剧名角杨小楼的电话号码，对话筒叫了号，一听对方回答的声音，就学京剧里的道白腔调念道："来者可是杨——小——楼啊？"对方哈哈大笑问："您是谁呀？"溥仪连忙把电话挂上了。同样的玩笑他还和杂技演员徐狗子开过，又给东兴楼饭庄打电话，冒充一户宅子，叫他们送一桌上等酒席。

黄侃在门上挂了一个小木牌，上面写"坐谈不得超过五分钟"。一次，女学生舒之锐和程俊英去黄侃处借阅杂志，见到木牌后即准备离去，黄侃说："女学生不在此限，可以多坐一会儿。"

张作霖手握重兵，进退足能左右天下。帅府因此来使云集，门庭若市，四方宾客无不以亲睹张作霖为荣。每到清晨，宾客们都鱼贯前往帅府，在客厅等候，侍从这时就高呼："请客人稍坐，大帅随后就会下楼来。"不久张作霖出来，大家立即笑脸相迎，一一讲述来意。大帅说好，人们则欢欣鼓舞而去，回去后对主子说："张帅同意了。"大帅说不好，人们则悻悻离去，回去后对主子说："张帅似乎不悦。”大帅的一喜一忧，被时人看作一诺一拒。

杨宇霆好客，往往客人尚未开口，便古往今来，上天下地，引经据典滔滔不绝。客人往往因此而面露倦容，可见杨所言之久。一日，江宁典狱长来访，杨宇霆对下人说：“如此绿豆小官也来见我，让他走。”典狱长坚持要见，说有要犯越狱，必须亲自和都督说。杨遂准其入。典狱长方入内，杨劈头便问：“犯人脱逃，是谁的责任？你还有脸来见我？”典狱长栗然，嗫嚅道：“特此来请罪。”于是陈述越狱始末。杨宇霆笑问：“狱中有多少囚犯？”答：“数十人。”“如此岂不太少？奉天的监狱常常人满为患，多时有数百人，即此一事，可见江苏不如奉天啊。”典狱长离去后对人说：“犯人的多寡，由诉讼决定……不应该以多为贵。由此可见，是杨督失言，我不敢辩白啊。”

北大毕业典礼后，师生要在一起照相，老师们坐在前一排，学生们站在后边。一次，陈独秀和梁漱溟坐在一起。梁很谨慎，把脚收在椅子下面；陈却很随便，把脚一直伸到梁的前面。相片出来以后，学生送去老师的那一张，陈独秀看了一眼后说：“照得很好，就是梁先生的脚伸得太远一点。”

1922年，梁启超应邀到清华大学为学生作题为“中国韵文里表现的情感”的演讲。梁走上讲台，把讲义打开，眼光先下面一扫，然后是简短的开场白：“启超是没有什么学问的——”接着眼睛向上一翻，轻轻点点头，“可是也有一点喽！”既谦逊又自负。梁有着超人的记忆力，四书五经、历史典籍、诗词歌赋，往往张口即诵，即使是突然停住，只要用手敲一敲脑袋，就会马上想到，又继续大段大段往下背。有时讲课讲到紧要处，就会变成表演，手舞足蹈，情不自已，或掩面，或顿足，或狂笑，或叹息。讲到欢乐处则大笑而声震屋梁，讲到悲伤处则痛哭而涕泗滂沱，听他的课，实在是种享受。

黄侃在北京大学任教时，每次上课必定对白话文痛骂一番，50分钟的课，大约有30分钟要用在骂白话文上面。他骂的对象是胡适、沈尹默和钱玄同。黄骂钱尤为刻薄。黄说，他一夜之发现，为钱赚了一辈子之生活。他在上海穷一夜之力，发现古音二十八部，而钱在北大所讲授之文字就是他一夜所发现的东西。

梅贻琦生性不爱说话，被称为“寡言君子”。“一二·九”运动后，数千军警闯入清华校园逮捕学生。事后，学生们怀疑军警手里的名单是校方提供的，因而把教务长架到大礼堂前接受质问，并有学生扬言要打。这时，身为校长的梅贻琦从科学馆方向慢步走来，登上台阶，对着二三百学生，有半分钟未发一言，然后用平时讲话同样的声调，慢吞吞地说出了五个字：“要打，就打我！”

熊佛西在燕京大学任教时，向不重分数。某次期末考试，照例给每位同学“G”（良）以上分数。后教务处告之评分太宽，谁料熊竟将原分数单取消之后，一律改为“E”（优）。

胡适收到朋友自巴黎寄来的十几个铜币，铜币上有“PTT”三个字母，谐音恰为“怕太太”，乃戏赠好友成立“怕太太会”作为会员的证章。

徐志摩一直对林徽因爱慕有加，在对林展开疯狂追求时，于自己的发妻张幼仪却是毫不在意。当他听说妻子怀孕时，立即说：“把孩子打掉。”张幼仪说：“听说有人会因为打胎而死掉。”徐回答说：“有人因为坐火车死掉，你难道从此就不坐火车了吗？”

叶公超很少着西装，总是绸子长衫，冬天则是绸缎长袍或皮袍，下面是绸子棉裤，裤腿用丝带系紧，丝带的颜色与裤子不同，往往是颇为鲜艳的，作蝴蝶结状，随着步履微微抖动翅膀，用现在的话来说，就是非常“潇洒”。叶的头发，有的时候梳得光可鉴人，有的时候又蓬松似秋后枯草。叶顾盼自嬉，怡然自得。学生们窃窃私语：先生是在那里学名士。

黄侃在南京中央大学时，一次上课上到一半，突然神秘地对学生们说："学校给我的薪水，只够讲到这里，你们要听下去，得另外请我吃饭。"

冯玉祥练兵好用问答式。一次召集部队讲话，讲了一段即问："你们听见了没有？"全体肃立一致大喊："听见了！"再讲一段，又问："你们懂吗？"全体又答："懂得。"冯便指一士兵问："我刚才讲的什么？"士兵肃立答："报告总司令，忘了。"

章太炎某次由南京返沪，其家人误记火车班次，遂未接到。章独自出站后，雇一马车，却不知家中地址，车夫问他到何处，他答以"我的家里"，结果在市内来回兜圈。家人久不见其归，遂派十余人到处寻找，终于在"大世界"附近碰到。由于"健忘"，章平日出门总有侍从跟随，以免麻烦。

冼星海到延安后，不大适应周围的环境。有时郁闷至无处宣泄，就把邻居家飞来的鸡打得满屋乱飞，他赌气地对人说："保证我吃鸡，否则一行也写不出。"

蒋介石会客，客人说话，他不说；汪精卫会客，客人说一半，他说一半；胡汉民会客，客不说，他说；而孙科以脾气大著称，会客时则两不说话。胡汉民说："因为他是孙中山先生的儿子，因此有革命脾气；因为他是在外国长大，因此有洋人脾气；因为他是独子，因此有大少爷脾气，有时只发一种脾气，有时候两种，有时候三种一起发。"

1934年冬，熊十力候船东下，住在徐复观家里。徐有小女均琴，刚三岁，颇逗人喜爱。熊十力问她："你喜欢不喜欢我住在你家？""不喜欢。""为什么？""你把我家的好东西都吃掉了。"先生大笑，用胡子刺她的鼻孔说：这个小女一定有出息。

齐白石老人不喜欢照相，20世纪30年代中期，郑景康为齐老照了十二张像，还放大了一张三尺半的，老人送郑一幅虾子；周维善为老人画了一张像，老人送周一幅《东方朔偷桃》。几天后，老人在客厅写了个牌子，说“双方不合算”，从此，再有人照相、画像，概不应酬。

溥儒烟瘾很大，每天都会抽五十支以上。他抽烟时，习惯用烟嘴，然而却经常弄丢烟嘴，等到用时发现没有了，不怪自己不小心，却怪别人不为他多准备几个。在日本京都旅行时，旅馆的老主妇，替他缝了一个小荷包，装上香烟、火柴和烟嘴，并替他系在衣扣上，告诉溥儒说，这样保准丢不了。溥儒非常高兴，不住地称赞日本妇人。没想到第二天，又把那小荷包丢了，回到旅社见了老主妇，指指衣襟，双手一摊，彼此哈哈大笑。

忻口战役期间，阎锡山准备给驻守原平的姜玉贞旅长拟发电文：“该旅掩护之任务已完成，能守则守，不能守则向以西高地撤退。”当过南镇守使的张培梅闻之火冒三丈，大声说：“俺是军人，只知道前进，不懂得后退。他姜玉贞要是战死在原平，俺回去以后给他盖庙；他如果逃跑，平定以后，俺也要砍掉他的脑袋。”阎在被窝里说：“现在的仗不能和过去一样打。你看石家庄的中央军不也退出了吗？”张听后更怒了，说：“俺是学关云长，不学王八蛋。”几天后，太原召开了追悼姜旅长的群众大会。

朱元鼎从 1920 年起，受聘任教于上海教会学校圣约翰大学。从教生涯几十年，朱元鼎仍拒信宗教。他说：“上帝创造一切的教义与生物学的基本科学原理是格格不入的。而我的脾气是，没有想通的东西叫我去做，是绝对办不到的。”

傅斯年反对孔庚的议案，两人激烈辩论，孔辩不过傅，气得在座位上大声辱骂，骂了许多粗话。傅斯年十分生气，说：“你侮辱我，会散之后我和你决斗。”会散后，傅斯年真的在会场门口准备拦着孔庚要决斗。傅见年过七十的孔庚身材瘦弱，便打消了决斗的念头，对孔说：“你这样老，这样瘦，不和你决斗了，让你骂了罢。”

郁达夫在福州时，只身暂住于南台青年会宿舍。青年会有规定，楼上男生宿舍谢绝女性入内，并在楼梯边上立一木牌为示。郁达夫刻意取木牌所示戒律为背景拍了一张个人照。照片洗出来后，同事们不得其解，郁达夫笑曰：“寄回杭州给女人看，好叫她放心。”

1937年秋，日寇逼近太原，阎锡山率部退到临汾。有一天阎要去找政治处的秘书主任刘岱峰，恰有决死十总队的队长武玉山跑过来报告工作，说他在部队中建立起军队不许扰害老百姓，军官不许打骂士兵等等新办法。一旁的共产党员董天知插话说：“好，这是八路军的办法。”阎锡山听了，恶狠狠地说：“什么八路军的，一切办法都是造化的，谁用就是谁的。”

西南联大时期，清华师生为校长梅贻琦服务清华二十五年举行庆祝会。为答谢大家对他的赞扬，梅说：“京剧有一个角色叫‘王帽子’（饰帝王的），一出场总是前呼后拥，煞有介事，但戏的真正主角却不是坐在中间的王帽子，看戏的也不要听他唱，他有幸搭在一个好班子里，人家对这台戏叫好，他自然也‘与有荣焉’。”

傅斯年绰号“傅大炮”，一生“放炮”不计其数。他的炮筒子脾气往往得罪人，连他自己都说：“叫我事不过二可以，叫我不迁怒，我实在做不到。”

有一次，傅斯年、李济和裘善元同在重庆参加一次宴会。宴会结束后，主人特别替他们雇了三乘滑竿，六个抬滑竿的工人守在门前。裘善元首先从里面走出来，工人们看见是一个胖子，大家都不愿意抬，于是互相推让。接着，李济也走了出来，剩下来的四个工人看看比刚才出来的还胖些，彼此又是一番推让。等到傅斯年最后一个出来，所剩下的两个工人一看，吓了一跳，这个比刚才的两个还胖，两个工人扛起滑竿拔腿跑掉。

夏承焘性格内向，有时半日兀坐，如泥塑人。名心淡泊，对个人毁誉不大计较。但在国家民族存亡等重大问题上，胸中了了，毫不含糊。日寇侵占永嘉时，尝夜起论形势。他说，敌人玩火必自焚，汉奸投敌，正如飞蛾扑火，也绝无好下场；中华民族经过这场战火的洗礼，必将获得新生。

老舍与何容在成都时，同住一间屋子，两人都吸烟。某日，何容突然决心戒烟，睡了十六个钟头，一支未吸。醒来已是黄昏，便独自走了出去，回来时，满面红光，笑着从口袋里掏出一包土产卷烟来对老舍说："你尝尝这个。"两人把烟点燃了，头一口就惊人，冒的是黄烟，老舍以为何误把爆竹买来了，还好，没有爆炸。吸了四五口，蚊子开始往外飞；又过了一会儿，臭虫也爬了出来；最后，一支烟刚吸了半截，两人便都跑到了外面，何低声说："看样子，还得戒烟！"

抗战胜利的消息传到重庆，傅斯年高兴得成了疯子，在大街上一手拎酒瓶喝酒，一手把帽子挑在拐杖上乱舞……

傅斯年因高血压在美国养病时，医生曾告诫他少吃甚至于完全不吃盐类，所以他回国之后，从南京到台湾，每餐只是一碗白饭，一块木瓜或西瓜，然而时间一长，就没有办法控制了。每次他到外面开会或接洽公务回来，就会买一大堆山东煎饼或肉包，拿回学校请同事们吃，当然他自己也要暂时开禁。有一次下班之后，李秘书和那先生在办公室用餐，这时傅斯年正准备回家，从校长室出来，看到他们在吃，就走了过去，左手取了李秘书便当盒里的一块卤肉，右手拿了那先生的一个面包，说："面包夹卤肉，真是最好的三明治"，边走边吃，笑着走了。

台静农幽默，且不拘小节。1946 年，台静农赴台大上任，卖了明版《金瓶梅》作川资。在沪上船时，船要等三日才开，没钱住旅店，全家人在船上硬撑。其时，台静农身上一文也没有了，好在同行的方师铎将自己的钱分了一半给他。台静农接过钱，潇洒地往口袋一塞，也不言谢。旋即邀方师铎上岸：“走，我们找个小馆子去吃一顿，我现在有钱了，我可以请客！”

傅斯年在台大当校长时，常去光顾夜市馄饨摊子，蹲在马路边上研究地摊上的象棋残局，给小书店写招牌。他给大陆书店写条幅：“读书最乐，鬻书亦乐；既读且鬻，乐其所乐！”

朱自清待人很宽厚，每次让当差交信时，如里边有私人信件，都要给当差一些钱。他对人也很谦和，平时在路上遇到清华的工友他都打招呼。工友帮他做了什么事，他都很客气地说“劳驾！谢谢！”他认为一个人有志持志，有力持力，用脑用体各有贡献，没有什么不同，所以清华的老工友都说：“朱先生可好啦！”他在家里与孩子们相处也没有尊长的架子，有时让孩子倒杯水都说：“劳驾！”后来还是妻子对他说：“让孩子们做事不要这样说，显得都没有父子感情了。”这样他才慢慢改了。

老舍爱划拳，他总是首先领导“打通关”。也就是一个人一个人地与对方挑战划拳，三拳两胜。输的就喝酒。老舍豪气干云，不以胜负为意，赢了他也喝酒，真正是“舍命陪君子”。等到喝得八分醉时，嘴里就开始乱说话了，但乱说也有分寸。有一次，他和何容两人互骂了起来，但是他们骂的话听起来绝不会粗野鄙俗。如“老舍！以前你真不是东西！”最多只是这样而已。

一次，许地山给老舍打电报，叫他到济南车站去接他夫人的妹妹，许地山知道老舍不认识她，所以教他夫人的妹妹穿了黑色旗袍，而电文是：“×日×时到站接黑衫女！”老舍接到黑衫女的时候，彼此都笑得闭不上口。

柳亚子喜饮，但不能多饮。葡萄酒一瓶，即可尽兴，而饮状极豪，不管多大的杯子，他永远是一饮而尽。座客劝饮，他从不拂意。某次，座有一生客举杯向柳先生敬酒，柳当然很乐意地接受，喝了。

可是那位座客虽举杯，却未饮，柳发觉，笑着问：“你怎么不喝？我已经喝了！”那位先生便应了一句：“你喝了，我没有看见呀！”柳听说，便又喝了一杯，“现在你总该喝了吧？”不料那人还不肯喝，柳愤极，马上把桌子一拍，那人见势不对，抱头而逃。

夏天，熊十力总是穿着一条中式白布裤，上身光着，无论来什么客人，年轻的女弟子，学界名人，政界要人，他都是这样，毫无局促之态。

张中行写熊十力：对于弟子辈，熊先生就更不客气了，要求严，很少称许，稍有不合意就训斥。据哲学系的某君告诉我，对于特别器重的弟子，他必是常常训斥，甚至动手打几下。我只受到正颜厉色的训导，可证在老师的眼里是宰予一流人物。谈起训斥，还可以说个小插曲。一次，是热天的过午，他到我家来了，妻恭敬地伺候，他忽然看见窗外遮着苇帘，严厉地对妻说：“看你还聪明，原来糊涂。”这突如其来的训斥使妻一愣，听下去，原来是阳光对人有益云云。

高剑父吸烟戒买不戒抽。高出门时，常忘记带钱，与友人聚餐或喝茶，多由友人付账，他还要抽别人的烟。

夏衍养了一只猫，却给它起了个名字叫“老鼠”。

邓拓对陶瓷古董情有独钟，宿舍的桌子上、窗台上、墙角里，到处都放着四处搜罗来的破坛烂罐。一次，有位邵编辑到他宿舍里汇报工作，见他正对着一些文物似老僧打坐，便说：“老邓，把这玩意送我一个吧！”邓拓以为遇到知音，惊喜地问道：“你要这干什么，莫非有志于此？”邵说：“夜里起来凉，我要一个当夜壶。”孰料，这个不经意的玩笑，令邓拓勃然变色，气冲斗牛，指着邵的鼻子怒斥：“你知道祖宗八代是从哪里来的吗？”邵望着声色俱厉的邓拓，夺门而逃。

20世纪60年代初，沙汀到乡间采访后，返回成都，未及归家，先去永兴巷招待所理发。此处理发，须凭高干证件，否则恕不接待。沙汀入内，见高朋满座，坐等少时，颇不耐烦，乃拂袖而去。刚出理发室，一便衣追上来，拦住沙汀，让其出示证件。恰巧沙汀忘带高干证件，乃自陈身份“省文联主席”。便衣见沙汀面瘦衣陋，挟一破伞，鞋上带泥，以为是逃亡地主冒充沙汀主席行骗，于是严加盘诘。沙汀怒，与之争。便衣下命令：“到省文联去！”押往省文联机关。沙汀急步跨入大门，捶窗问守门人：“我到底是不是沙汀，你说！你说！你说！”守门人答：“你当然是。”沙汀背指身后便衣，跌脚大吼：“他说不是！”

中山大学中文系教授容庚，话语不多，甚至有些口吃，但却说过不少“名言”。他有一句口头禅：“把戏人人有，变法各不同。”容庚曾说过：“生财有大道，成名有捷径。”这句话成了他在历次“运动”中被揪住的一个辫子。“文革”后期，一位“批林批孔”的干将跑来劝他，让他参加批判孔子。容庚答曰：“我宁可去跳珠江，也不批判孔子。”“文革”结束后给教授们平反，于是乎“容庚先生其实是一个很好的人”等话甚为流行。但容却不领情：“过去你们批判的容庚，实际上没有那么坏；现在你们说好的容庚，实际上也没那么好。”

“妈的×的，”许世友开口就骂，警告他的子女，“广州是个花花世界，你们不许上街乱跑，小心中毒！”

许世友将军面黑多髯，曾习武于少林寺。性刚烈勇猛，人称之“猛张飞”“活李逵”。尤好酒，不可一日无酒，晚年生肝病，医生劝其戒酒，将军曰：“不喝酒宁死。”

林语堂唯一的运动是逛大街，另有就是在警察看不见时，在纽约中央公园的草地上躺一躺。

张大千有一个习惯：绝不在自己的画展露面。他解释说：“我有三怕：一怕标价的画展，真有‘挂起来卖’的那种别扭的感觉；二怕人家恭维我，倘使人家夸奖我的画，我当然要说几句客气话，而我却偏偏不会说客气话；三怕我若在场，人家认为我的画狗屁，也不好意思骂出来。”

齐白石 90 岁时画虾，他在纸上画了一根长长的头发粗细的须，对在旁边观看的人说：“我这么老了，还能画这样的线。”

诗人艾青多次陪外宾去访问齐白石。一次外宾走后老人很不高兴，艾青问他为什么，他说：“外宾看了我的画，没有称赞我。”艾青说：“外宾称赞了，你听不懂。”齐老还是不太高兴，原来，他要的是外宾伸出大拇指。

林语堂晚年居于法国。法国的公园或街上，常有男女热情拥吻。林看见了，便笑嘻嘻用法语大声叫喊“1、2、3、4、5、6……”数他们亲嘴的时间能维持多久。

与行翁（张中行）同在一出版社的一位女编辑不小心丢了 1000 元钱，十分沮丧，众人好心相劝。行翁得知后，拿出 500 元送上去说：“只当是你丢了 500，我丢了 500，一个人的不快让两个人分担，不是可以减轻一半吗？”后来这位女编辑的丈夫在深圳下海，经济状况大为好转后执意要偿还这 500 元，行翁坚拒不收，说：“这个我不能要，因为是我送你的，不是我借你的，假使是借你的，现在你还我就收，但这 500 元我不收。”

女作家陆星儿和王小鹰到沙叶新家做客，见其女沙智红相貌出众，不禁惊呼：“哇，你女儿竟如此漂亮，简直是个小美人啊！”闻此赞誉，沙叶新得意地说：“我沙叶新从不出次品！”

李敖和王敬义性情相近。由于很多人都这样评价，因此他们二人虽从未谋面，但也相知。后来，王敬义到台湾去，二人第一次见面。李敖劈头一句：“喂，他妈的王敬义！”王敬义答：“喂，王八蛋李敖！”

爱憎第十三

曾国藩酷爱写挽联简直到了痴狂的地步,甚至常给活着的人写。因为活人忌讳,他便偷着写。一次,一好友到曾国藩家中拜访,在书房,朋友见砚下压着几张纸,以为新文,便欲欣赏,不料曾国藩竟死死护住。好友硬抢过来,竟看到了包括他自己在内的十几人都被曾国藩一一"敬挽"了一番。好友怒不可遏,拂袖而去,自此断交。

冯申甫官居部曹,酷爱京城的烧饼、麻花,每天早上必饱食一顿,习以为常。后来调守南方,认为南方没有此物,于是雇用了会制作这种吃食的人随行。起初吃着还觉得可口,然而始终以为不如京师的好。后派亲信远行入都,定制烧饼、麻花若干,用竹篓带回。等到达时,烧饼已经硬如铁,麻花软成棉花,难以下咽,冯申甫却依然甘之如饴。冯说:"可惜无缘内迁,不能天天吃到相依为命的烧饼、麻花。"闻者无不诧异。

徐桐痛恨一切舶来事物。一次,他的儿子、刑部侍郎徐承煜叼着根外国雪茄烟从他面前走过。徐勃然大怒,训斥说:"我还活着,你就这样,等我死了,一定禀明阎罗王,让你胡服骑射做鬼奴。"犹不解恨,让其在烈日下罚跪。

1908年春，正在日本求学的黄侃，获悉母亲病危，驰归侍疾，寓居于蕲州高等官学堂附近的黄氏公屋。时值光绪帝与慈禧太后先后病逝，清廷下令各地举行“国丧”。高等官学堂学生、同盟会会员田桓流露出不满情绪。堂长杨子绪竟于翌晨高悬虎头牌，要开除田桓的学籍。黄侃获悉大怒，跑进学堂，砸烂虎头牌，大骂一顿而去。时隔不久，田桓带头剪辫子，杨子绪十分恼怒，又将虎头牌悬出。黄侃闻讯手持木棒冲进学堂，先砸烂虎头牌，又要痛打杨子绪，杨吓得钻进工友的床底下，才免遭一顿痛打。

辜鸿铭喜妇人小脚。康有为送他一幅“知足常乐”横幅，辜说：“康有为深知我心。”

苏曼殊生平极贪嘴且不知饥饱。他在给友人的信中写道：“赴源顺食生姜炒鸡三大碟，虾仁一小碗，苹果五个。明日肚子洞泄否，一任天命耳。”在日本时，他曾一次饮冰五六斤，致使晚间不能动，人以为死，视之犹有气，明日复饮冰如故。苏还嗜食雪茄，偶遇手头无钱，则将所饰金牙敲下，用以易烟。

宣永光有四个最爱：一最爱钱，因为钱能提高人格，钱能维持生命；二好色，因为色能悦人眼目，色能提人精神；三爱书，因为书能增人知识，书能排人忧烦；四好交友，因为友能谏人改过，友能帮人进德。

民国初年，议院中多留日新派人物，平日开会喜着西服。有人劝前清翰林陈雨生也改穿西服，陈笑曰：“西服有五大病：一是祸到眉睫的礼帽，二是不堪回首的硬领，三是严加管束的袖口，四是步履维艰的裤管，五是左右为难的皮鞋。如此苦不堪言，老夫何敢设想。”

章太炎嗜食。某年春，杭州昭庆寺方丈带了一筐杭州有名的土产“方柿”送给章，章一口气吃了六只，如不是夫人加以阻止，他可能会把整筐都吃完。

鲁迅讲课幽默风趣，常常能使人在笑过之后有所感思。有一回讲《红楼梦》，鲁迅笑问学生：“诸君喜欢林妹妹否？”一位学生大胆地站起反问道：“请问，先生喜欢否？”鲁迅答道：“我可不喜欢林妹妹。”“为什么？”“我嫌她爱哭哭啼啼，小心眼儿。”

章太炎嗜纸烟，往往一支尚余寸许，又燃一支，历三四小时而未有间断。章为人书字初无润格，有欲得其翰墨者，大都以纸烟若干为酬，故能取之不尽，用之不竭。

章士钊识时务，善结交，跟谁都混得不错。陈独秀是章士钊“平生见过最难交的三个人”之一，可最后，章还是跟陈交上了。

刘文典嗜吸鸦片，上课时无法过瘾便狂吸纸烟，因而发音多通过鼻腔，语音含糊不清。刘讲《文选》时，只听他嗫嚅而言：“这文章好！这文章妙！”他自诩为全世界两个半《庄子》研究权威中的那半个。教《昭明文选》，一学期才讲了半篇内容玄虚的《海赋》。

鲁迅等人去陕西讲学，一个月得了300元酬金。鲁迅觉得只要够了旅费，应该把陕西人的钱，在陕西用掉，于是便捐了一笔钱给经费困难的“易俗社”。西北大学的工友们，对他们招呼得很周到，鲁迅主张多给点钱，但另外一位先生不赞成，说：“工友既不是我们的父亲，又不是我们的儿子；我们下一次，不知什么时候才来。我以为多给钱没有意义。”鲁迅当面没再说什么，退而对孙伏园说：“我顶不赞成他说的‘下一次不知什么时候才来’的话，他要少给，让他少给好了，我们还是照原议多给。”

熊十力写《新唯识论》批评佛教，住在其对门的废名信仰佛教，两人常常因此辩论。他们每次辩论都是声音越辩越高，甚至动手动脚，邻人都习以为常。这日两人又大辩起来，声音依然是越来越大，忽地万籁俱静，一点声音都没了。邻人感到奇怪，忙前来探看，原来熊废二人相互卡住对方的脖子，都发不出声音了。

闻一多年轻时不会玩麻将。留美期间，一次到科罗拉多大学两位教授家做客，饭后美国教授拿出麻将来提出玩几圈，闻一多连忙解释自己对麻将是一窍不通，甚为窘迫。两位美国教授怎么也不相信。无奈，闻一多只好硬着头皮上阵，拿着说明书边学边打，一晚上没和一牌。

1921年，齐白石从北京到长沙，一个老友碰到他后，向他求画，齐白石欣然画了给他，并没有收取报酬。第二年，齐白石再到长沙，这位朋友得寸进尺，又来向他求画，并且指定要画一条大鲤鱼，齐白石并没有多说什么，把画画好后送去，上面却写了一首诗：去年相见因求画，今日相求又画鱼，致意故人李居士，题诗便是绝交书。

梅贻琦嗜酒，酒友们尊其为“酒圣”。有一篇纪念他的文章叫《清华与酒》，里面写道：“在清华全校师生员工中，梅先生的酒量可称第一……大家都知道梅先生最使人敬爱的时候，是吃酒的时候，他从来没有拒绝过任何敬酒人的好意，他干杯时那种似苦又喜的面上表情，看到过的人，终生不会忘记。”

胡适对于禅宗的历史下过很多功夫，颇有心得，但是对于禅宗本身那一套奥义并无好感。有一次，几个朋友在宴会后题字，梁实秋偶然写了“无关门”的一偈，胡适看了很吃了一惊，因此谈起禅宗，梁提到日本铃木大拙所写的一部书，胡正色地说：“那是骗人的，你不可信他。”

徐志摩与陆小曼在北京北海公园结婚时，胡适为形式上的介绍人。梁启超虽为证婚人，但对他们的结合并不满。证婚人致辞时，他当众训斥了这对新人一番：“志摩、小曼皆为过来人，希望勿再做一次过来人！”随后于其家训中，犹谓：“此恐是中外古今所未闻之婚礼矣。”又说：“我又看着他（指志摩）找得这样一个人做伴侣，怕他将来更痛苦无限！”言辞中对陆小曼好像并无好感，后来竟又不幸而言中。

张伯苓的婚姻观念偏于保守。他说：“父母之命媒妁之言，旧式婚姻不是全坏的。一半是好的。新式婚姻，自由恋爱，自由打架，自由离婚，一半还好，一半不欢而散……结婚年久了，日久生厌，当年的新鲜劲没有了，换一件新棉袄就新鲜了。”

冯玉祥提倡廉洁劳苦。他在开封时，不准人家穿绸缎衣服，一见有穿绸缎的，便要千方百计使之难堪。有一次他看见自己部下有个士兵穿着一双缎鞋，他连忙上前去深深地作了一个揖，随着一个九十度的鞠躬礼，还左一个大揖，右一个鞠躬，把那位士兵搞得呆若木鸡。最后冯告诉他说：“我并不是给你行礼，只因为你的鞋子太漂亮了，我不敢不低头下拜哩！”士兵被吓得魂飞天外，连忙脱下新鞋，赤着脚跑回去。

刘半农爱憎分明，对于他所厌恶的腐朽势力，常常语中带刺。一次，成舍我跟刘半农说：“怎么老不给我们写文章？”刘说：“我写文章就是骂人，你敢登吗？”成说：“你敢写我就敢登。”刘于是写了一篇《阿弥陀佛戴传贤》，讽刺考试院长戴传贤只念佛不干事。《世界日报》收到后，就在第一版正中间发表了。为此，《世界日报》被当局封门数日。

金岳霖与梁思成夫妇在北京住前后院。他常常看到梁思成为了建筑上的某个数据而在房顶上上下下，就为梁氏夫妇编了一副对联：“梁上君子，林下美人。”梁知道后，说：“我就是要做梁上君子，不然我怎么能打开一条新的研究之路呢？……”林徽因听后则嗔怪道：“……什么美人不美人的，好像一个女人没有什么事可做似的。我还有好些事要做呢！”

陈寅恪瞧不起蒋介石。1940年，陈赴渝出席中央研究院会议，“蒋公宴请到会诸先生，寅恪于座中初次见蒋公，深觉其人不足为道，有负其职”（吴宓语）。宴后，陈回寓所后遂作《庚辰暮春重庆夜宴归作》：“自笑平生畏蜀游，无端乘兴到渝州。前年故垒英雄尽，万里长江日夜流。食蛤哪知天下事，看花愁近最高楼。行都灯火春寒夕，一梦迷离更白头。”

高剑父常不以真实地址告人，一怕来客过多，妨碍工作；二怕求画者上门。凡遇有客来访，他必先从窗口探头暗窥，若非密友，概不接待，以省无谓之应酬。

1943年的秋天，徐悲鸿在成都举办了画展。画展结束那天，他和夫人廖静文等乘马车去新都桂湖。到达目的地后，马累得在原地喘着粗气。马车夫看到后有些心疼，就用手去抚摸他的马。徐悲鸿为此举感动了。付过车钱后，也伸手去抚摸那匹马，像对亲密的朋友似的深情地说：“谢谢！”接着，又从手提包里取出一幅卷起的《奔马》送给车夫，说：“这个给你。”马车夫看了看他，不知所措。廖静文在一旁解释说：“这是一张画，是送给你的。”马车夫这才感激地接过画。

梁思成、林徽因夫妇素来仰慕《营造法式》的编著者宋朝人李诫。望子成龙，于是为儿子取名“从诫”。

1946年7月，梁漱溟为李公朴、闻一多被刺发表《民盟秘书长的谈话》，并说：“我要连喊一百声‘取消特务’！”

郁达夫在一次酒宴中喝醉，走在路上大骂西洋人和资本家，骂着骂着突然从侧道跑到街心，以手指比成手枪的形状，指着从前面驶来的汽车，大呼：“我要枪毙你们这些资本家！”

傅斯年天性仁慈，极重情感，唯独对狗有着强烈的憎恶。傅在昆明时，友人送给小仁轨一只很漂亮的大黑狗。一日，傅午睡方酣，那只狗走近床边，用舌轻舔他的手，傅被惊醒，伸手猛打，却没打中，傅怒气冲天，拾拖鞋再打，而狗已远去，他却把自己的眼镜从几上打落到地上跌碎。傅盛怒不已，其妻戏言曰，虐待动物是一罪，要遭监禁的。不料傅竟“恼羞成怒”，整整三日，不与妻交一言。

沈从文很爱用一个别人不常用的词：“耐烦”。他说自己不是天才，只是耐烦。他对别人的称赞，也常说：“要算耐烦。”看见儿子小虎搞机床设计，说：“要算耐烦。”看见孙女小红做作业时，也说：“要算耐烦。”

曹聚仁反对青年人读古书，他认为，好好青年，在书堆下变成了废物，哀莫大焉。他尤其瞧不起宋明理学家及章句陋儒，他说：“知识分子平日对国家安危盛衰，不闻不问，以为那是学问以外的闲事，到了危殆不可救药，也只有叹息几句了事。”

傅斯年任台湾大学校长时，在校长室门旁写下这样一行字：“有为子女入学说项者，请免开尊口。”

沈醉说，杨文泉是一个“香喷喷的风流将军”。杨文泉被俘后改造期间，问其他将领，人生的最大快乐是什么，有答攻克名城的，有答了却君王天下事的。而他却以为，最乐之事，乃是讨得诸多漂亮女人的欢心。

熊佛西回忆柳亚子：某老实人在绿宫开了一个茶话会，招待桂林的作家，柳先生与我都被邀参加。原意是要调停，不料那位老实人不会说话，一开始就把话说错了。不待大家发言，而柳先生便开了第一炮！这一炮开得很凶，——炮弹中夹着“他懂得什么！他是市侩！”之类的话。——使那位出来调解的老实人窘极，一时面红耳赤说不出话来，结果不欢而散。次日我碰见柳先生，便问他说：

"像昨天这种小事，你老先生就不应去参加，就是去了也不应开头炮！"不待我说完，他便很幽默地抗辩："我们大事管不了，只好来管管这些小事呢！"

何淡如改文章时，有奇癖，必置烧肉一斤，切为碎块，置于案侧，且改且吃。烧肉吃尽，文章亦改毕。

孙犁爱书。他在藏书《西游记》上题写箴言："淡泊晚年，无竟无争，抱残守缺，以安以宁。惟对于书，不能忘情。我之于书，爱护备至：污者净之，折者平之，阅前沐手，阅后安置。温公惜书，不过如斯。"

许世友病重期间，常出现肝昏迷，医生想尽各种办法皆无效，然以棉花球蘸茅台酒，轻搽其唇，竟苏醒。

朱光潜喝了一辈子的酒，酒与他形影不离。他常开玩笑说："酒是我一生最长久的伴侣，一天也离不开它。"

林语堂喜欢烟斗，他曾说："我最欣赏抽烟斗的人，他们似乎比较真诚、亲切、坦率，也比较善于谈话。最重要的，我觉得他喜欢我正如我喜欢他一样。""聚在营火前，叼根烟斗，坐在啤酒桶上，彼此交换意见，谈天说地，心灵交流，这是从古到今人类最大乐事之一。"

余光中有一只名为蓝宝宝的小鹦鹉，对其非常宠爱。一次，他们全家外出，暂时把小鸟寄养在朋友家。交托之前，余光中特意写了一则"养鸟须知"挂在笼子旁。须知上写：一、小米一钵，清水半缸。间日一换，不食烟火，俨然羽仙。二、风口日曝之处，不宜放置鸟笼。三、无须为鸟沐浴，造化自有安排。四、智商仿佛两岁稚婴。略通人语，颇喜传讹。闺中隐私，不宜多言，慎之慎之。

钱钟书生平最憎恶浮而不实的学风，对时下兴起的中西文化比较，他愤而怒曰："有些人连中文、西文都不懂，谈得上什么比较？

戈培尔说过，有人和我谈文化，我就拔出手枪来。现在要是有人和我谈中西文化比较，如果我有手枪的话，我也一定要拔出来！”

三毛到中南美洲旅行时，在秘鲁古城库斯科看见两个盲琴师躲在角落乞讨，放在面前的钱罐却是空的。于是她把二人带到一条游客必经的窄街上，自己客串乞丐。她以流利的西班牙语，类似印第安人的装扮，帮助两个盲乞丐讨了两天，空罐都丢满了钱才离去。

识见 第十四

龚自珍常以史学眼光自重,他将历史上的世情世态,分为三等。一等为治世,二等为乱世,三等为衰世。他还说:“灭人之国,必先去其史;隳人之枋,败人之纲纪,必先去其史;绝人之材,湮塞人之教,必先去其史。”

林则徐被赦,从新疆返还故里时途经长沙,指名要见当时在老家隐居读书的左宗棠。林将自己在新疆整理的资料和绘制的地图全部交给左宗棠,说:“吾老矣,空有御俄之志,终无成就之日。数年来留心人才,欲将此重任托付!”临别,还赠左一联:“苟利国家生死以,岂因祸福避趋之”,左毕生以此联为座右铭。

曾国藩是这样解释传统思想的:圣人有所言有所不言:积善余庆,其所言者也,万事由命不由人,其所不言者也;礼乐刑政仁义忠信,其所言者也,虚无清静无为自化,其所不言者也。吾人当以不言者为体,以所言者为用;以不言者存诸心,以所言者勉诸身……

1872年2月的一天,曾国藩对他的儿子曾纪泽说:“我这辈子打了不少仗,打仗是件最害人的事,造孽,我曾家后世再也不要出带兵打仗的人了。”

张之洞在《劝学篇》中主张：“新旧兼学。四书五经、中国史事、政书、地图为旧学；西政、西艺、西史为新学。旧学为体，新学为用。”

甲午战争前，朝鲜还是中国的附属国。李鸿章的幕僚马建忠和马相伯兄弟俩在1885年向他建议：要么叫平壤赶快独立，让世界各国承认；要么中国出兵，干脆收为中国的第十九行省。总之，让日本早断这条野心。然而李鸿章却说：“大清国我都不敢保它有20年的寿命，何况高丽。”李不幸言中，20年后，大清朝完了。

19世纪，王韬写道：“……天时人事，皆由西北以至东南，故水必以轮舟，陆必以火车，捷必以电线，然后全地球可合为一家。中国一变之道，盖有不得不然者焉。不信吾言，请验诸百年之后。”

洋务派认为，英、法、美等西方国家之所以强，是由于它的富，而富又是由于资本主义工商业的发展；中国也只有这样做才能真正强大起来。对此，李鸿章有一段有代表性的议论，他说：“欲自强，必先裕饷；欲浚饷源，莫如振兴商务。”

李鸿章筹办海防，首重沿海陆防。他说：“敌从海道内犯，自须亟练水师。惟各国皆系岛夷，以水为家，船炮精练已久，非中国水师所能骤及。中土陆多于水，仍以陆军为立国根基。若陆军训练得力，敌兵登岸后，尚可鏖战。炮台布置得法，敌船进口时，尚可据守。”

康有为把西服说成是符合中国古制：“夫西服未文，然衣制严肃，领袖洁白，衣长后衽，乃孔子三统之一；大冠似箕，为汉世士夫之遗，革舄为楚灵王之制，短衣为齐桓之服。”

关于作战指导，蔡锷认为：“战略战术须因时以制宜，审势以求当，未可稍有拘滞，若不揣其本，徒思仿效于人，势将如跛者之竞走，鲜不蹶也。”

在论及“选将”时，蔡锷崇尚曾国藩、胡林翼“为将之道，以良心血性为前提”的思想，认为这是“扼要探本之论”。他说：“吾侪身膺军职，非大发志愿以救国为目的，以死为归宿，不足渡同胞于苦海，置国家于坦途。”谈到治军，蔡锷认为“治军之要，尤在赏罚严明”，对于“风气纪纲大弛”的军队，“与其失之宽，不如失之严”，主张“以菩萨心肠，行霹雳手段”。同时，他也提倡官兵之间“和辑”相处，使士兵把军营视为“第二家庭”。他特别欣赏曾国藩“带兵如父兄之带子弟”这句话，认为带兵者若“能以此存心，则古今带兵格言，千言万语皆可付之一炬”。

奕譞撰有治家格言：“财也大，产也大，后来儿孙祸也大。借问此理是若何？子孙钱多胆也大，天样大事都不怕，不丧身家不肯罢。财也少，产也少，后来子孙祸也少。若问此理是若何？子孙钱少胆也小，些微产业自知保，俭使俭用也过了。”

钱穆说：中国文化过去最伟大的贡献，在于对“天”“人”关系的研究。中国人喜欢把“天”与“人”配合着讲。“天人合一”论，是中国文化对人类最大的贡献。

王国维说：“尼采谓‘一切文学余爱以血书者’，后主之词，真所谓以血书者也。”又说：“一‘昔为倡家女，今为荡子妇，荡子行不归，空床难独守’……可谓淫鄙之尤。然无视为淫词鄙词者，以其真也。”

宣永光极佩服儒家“食色，性也”之说。他说：“儒家将食色列在一起，极有道理。因为食欲满足了，才能动色欲；无食欲且不能养生命。但是生命的起源，是由于色欲；无色欲更不能造生命。可见二者，互为因果，有同等的重要。”

彭翼仲坚决支持变法和立宪改革。在维新变法之时，他就积极宣传“变也得变，不变也得变，自己变法，自己有权柄，外人压着变了法，权柄便属了外人”；“变法的必兴，不变法的必亡，变不到家，兴得慢，变到家的，兴得快”。他宣传各种各样的改良措施如开学堂、兴女学、戒缠足、反迷信等等，还兴办各种社会机构收养孤儿。清政府兴起立宪改革活动后，彭翼仲又为之欢呼说：“现在我们中国危弱到这般光景，非立宪不能强。”

李大钊说：宇宙“大实在的瀑流永远由无始的实在向无终的实在奔流。”“宇宙大化之流行，盛衰起伏，循环无已，……健壮之前有衰颓，老大之后有青春，新生命之诞生，固常在累累坟墓之中也。”因此，“青年锐进之子，……立于旋转簸扬、循环无端之大洪流中，宜有江流不转之精神，屹我独立之气魄，冲荡其潮流，抵拒其势力，以其不变应其变。”“青年之自觉，一在冲决过去历史之网罗，破坏陈腐学说之囹圄，勿令僵尸枯骨，束缚活泼泼之我。”“一在脱绝浮世虚伪之机械生活，以特立独行之我，立于行健不息之大机轴。袒裼裸裎，去来无挂，全其优美高尚之天。”

梁启超说：未有四肢已断，五脏已瘵，筋脉已伤，血轮已涸，而身存者；则亦未有其民愚陋怯弱涣散混浊而国犹能立者。……苟有新民，何患无新制度，无新政府，无新国家！

孙中山是一个美食家，他在其《建国方略》中，对中国烹调艺术，大加赞美。他说：“烹调之术本于文明而生，非深孕于文明之种族……则辨味不精；辨味不精，则烹调之术不妙也。中国烹调之术之妙，亦足以表明进化之深也。我中国近代文明进化，事事皆落人之后，惟饮食一道之进步，至今尚为文明各国所不及。”

章太炎不知世俗逢迎为何事，其仕途始终蹭蹬不得意。平日，只能替人写写对联、墓志铭，靠一支笔混饭吃而已。他写对联上款，从不肯称人先生，只书一个名号，故卖字生意十分寥落，至于写墓志铭，却不管对方是否为市井大猾歹徒之流，总是那么刻意颂赞了几句。对此章自有道理："你要骂人，总得先要捧他几句才好；你要帮他的忙，也就不妨闹些小别扭再说。所以，好人固要你捧，坏人也不可骂他到底。否则，坏人的心一横就会更坏了……"

辜鸿铭对外国银行无好感，他说："银行家是晴天把雨伞借给你，雨天又凶巴巴地把伞收回去的那种人。"

关于"五四"之际"白话"与"文言"之争，蔡元培说："我敢断定白话派一定优胜，但文言是否绝对地被排斥，尚是一个问题。照我的观察，将来应用文一定全用白话，但美术文（指有艺术性的美文——引者注）或者有一部分仍用文言。"

恽代英在"五四"前后曾创建青年社团互助社，因而他对青年抱着极大的希望。他在《中国青年》的发刊词中说道："中国的唯一希望，便要靠这些勃勃生气的青年。"

对于"五四运动"，蔡元培说：他从来无意鼓励学生闹学潮，但学生们示威游行，"出乎爱国热情，实在无可厚非"。

梁实秋曾评价"五四运动"说："五四运动原是一个短暂的爱情运动，热烈的，自发的，纯洁的，很快就过去了。可是年轻的学生们经此刺激震动而突然觉醒了。""五四往好处一变而为新文化运动，往坏处一变而为闹风潮。"

黄远生一向主张中国应当"法治"。他曾愤愤地对好友林志钧说："新闻记者须尊重彼此之人格，叙述一事，要能恰如其分，调查研究，须有种种素养，同时号称记者的这些人，哪一个够得上这个资格！"他还说，在这个时代从事新闻，真是"一大作孽事"。

丁文江在民国十二年作题为《少数人的责任》的讲演（《努力》

第六十七期），开篇就说：我们中国政治的混乱，不是因为国民程度幼稚，不是因为政客官僚腐败，不是因为武人军阀专横；是因为“少数人”没有责任心，而且没有负责任的能力。

鲁迅曾经沉痛地说：“外国用火药制造枪弹御敌，中国却用它做爆竹敬神；外国用罗盘针航海，中国却用它来看风水；外国用鸦片治病，中国却拿来当饭吃。”

张作霖的五姨太，被时人视为东北最贵之太太。其中等姿色，肤白如雪，口齿十分伶俐，普通政客望尘莫及。张作霖性情急躁、易怒，每当发怒时，无人敢迎其锋，唯独五姨太一言就可制止。某日，张作霖因某官员做事不利，大发雷霆，准备对其严惩。左右跪倒一片，祈求赦免，张作霖仍怒不可遏。该官员遂向五姨太求助，五姨太于是对张作霖说：“其罪如不可赦，则依法治之，否则还是网开一面。”张作霖怒拍几案说：“我岂能轻信妇人之言！”五姨太冷笑说：“大帅有取天下的雄心壮志，然而天下谁能得之？唯有不嗜杀者。”张作霖醒悟，于是赦免该官员。

孙中山在协和医院，病体日渐衰弱。1925 年 2 月 24 日，宋庆龄、孙科、汪精卫、宋子文及孔祥熙等人齐聚孙中山榻前，面请总理指示数语。孙沉默良久，始张目谕曰：“我看你们是很危险的。我如果死了，敌人是一定要来软化你们的；你们如果不被敌人软化，那么我还有什么话可讲呢？”

20 世纪 20 年代中期，胡适对他的朋友路易丝·甘尼特说：“今天对于有才能的人来说，生在中国是不幸的，他们得到的太多太容易；他们让人推着很快地承担超过他们能力的责任——他们注定是要完蛋的。”

闻一多在谈及“五四运动”时说：“但要不是幼稚的话，当时也不会有五四运动了。青年人是幼稚的，重感情的，便是青年人的幼稚病，有时也并不是可耻的，尤其是在一个启蒙的时期，幼稚是感情的先导，感情一冲动，才能发出力量。”

王云五说：“出版事业如同开饭馆，要饭馆出名，就必须要有名厨。厨师比饭馆老板还重要。他要有支配饭馆饮食的全权，这样才能端出精美的菜肴。而出版人最好是读书人，书读得要广，未必要专，这样才能推出各类可读的书。”

王国维自沉于昆明湖。周作人说，这是因为他晚年性情与学问环境相冲突，非这样结局不可。浦江清说，不对，他的自沉乃是超脱人生，超脱学问的大解脱。而陈寅恪认为，眼见中华文化沉沦，而被这种沉沦中的文化“化”了的人，必将随之而消亡。元宁则说，这是时代的悲剧，社会的悲剧，文化的悲剧。

许多年轻人以借攻击鲁迅来成名，这成了一个文坛登龙术的不二法门。对此，鲁迅解释说：“他们的目的，我当然明了。但我的反攻，却有两种意思。第一，是正可以因此而成全了他们；第二，是也因为了他们，而真理愈得阐发。他们的成名，是烟水似的一时的现象，但真理却是永久的。”

溥杰毕业于日本陆军士官学校，后在长春伪禁卫队步兵团当排长，日本军国主义分子一直鼓动让他和日本女性结婚。溥仪对日本人的企图有所察觉，对溥杰说：“你如果和日本女子结了婚，往后可不好办了。”

梁漱溟说：“‘文化大革命’是突如其来的，很突然，思想上没有准备。物质上受了点损失，也不是我一家一户，全中国的千家万户，都受到骚扰。我的女人吃了苦头，我还好，活了下来，历劫嘛！所有的字画、简牍、图书都烧毁了。这些都是身外之物，没有什么。不过，思想是销毁不了的！……”

林语堂说：“做文人要带点丈夫气，带点胆量。说自己胸中的话，独抒己见，不随波逐流，这就是文人的身份。”他又说：“文章做不好没有关系，人却不能做不好。我觉得看一个文化，就要看在这个文化里长大的人是变成怎么样的丈夫和妻子、父亲和母亲。比较之下，所有其他的成就——艺术、哲学、文学和物质生活——都变得毫不重要了。”

徐志摩承认恋爱是可遇而不可求的，但他不能不去追求。他说：我将于茫茫人海中访我惟一灵魂之伴侣；得之，我幸；不得，我命，如此而已。

罗家伦说：“要建立现代化的国家，必须国人有现代化的观念。”“中国的前途系于青年，青年的蓓蕾，要靠教育来培养，文化来涵煦，才能为民族创造独立有机的文化。”

夏承焘生活有规律，早晨见光就起，晚上十时就上床。与夏同室的王季思往往坐到深夜。某夜，夏从帐子里探出头来说：“季思，你还没睡？做学问靠命长，不靠拼命。无论什么事业，要准备付出一生心血才会有成就。”

20 世纪 30 年代，杨杏佛慨叹：“争取民权的保障是 18 世纪的事情。不幸我们中国人活在 20 世纪里还是不能不做这种 18 世纪的工作。”

林语堂说：“女人常是很明白男人之心理，而男人却永远不会了解女子。”

1939 年，在美国纽约的世界笔会上，林语堂发表了一篇《希特勒与魏忠贤》的演讲。他说，当今，希特勒在德国被一些人比为耶稣，由此他想起中国明朝有一位读书人倡议一说，称颂魏忠贤与孔夫子应当有同样的地位。那时反对魏的官吏全给杀了，而只有为他歌功颂德，才能保全自己。魏忠贤当权时与今日的德国如出一辙，声势显赫，但最后的结果如何呢？还不是自杀身亡！林语堂说：“自杀乃是独裁者的唯一出路。”

巴金写了《爱情三部曲》后，人们都以为他是“言情专家”，其实并非如此。对于男女关系，他常说：“最聪明的办法是机会来时，避开机会，只有糊涂人才去找机会。”

鲁迅讲到中国改革之难：“即使搬动一张桌子，改装一个火炉，几乎也要血，而且即使有了血，也未必一定能搬动，能改装。”

杜亚泉认为发展是有代价的，必须辅以一定的限制：“欲使生活费增多，而不侵夺他人之生活费，非分配均等不可；否则绝贫者之饘粥，以供富者之膏粱，剥贫者之蓝缕，以制富者之文绣，诚不如限制之为善也。然乌托邦之理想，既不能实现，欲灭科学、毁机器，绝膏粱文绣，以返于太古醇朴之世，又与人类之进步背驰，将纯任自然，听其相争相夺弱肉强食以终古乎？于是调和于理想与事实之间，而折衷论以起。”

吴宓在《论新文化运动》中说：今欲造成中国之新文化，自当兼取中西文明之精华而熔铸之贯通之。吾国古今之学术道德文艺典章，皆当研究之保存之昌明之发挥而光大之。而西洋之古今之学术德教文艺典章，亦当研究之吸取之译述之，了解而受用之。

俞平伯并非纯粹的红学考证家，他曾在早期出版的《红楼梦辨》中说过文学考证可以同小说批评相结合的意思：“考证虽是近于科学的，历史的，但并无妨于文艺的领略，且岂但无妨，更可以引导读者作深一层的领略。”又说：“我们可以一方做《红楼梦》的分析工夫，但一方也可以综合地去赏鉴、陶醉；不能说因为有了考证，便妨害人们的鉴赏。”他还一再申言：小说只是小说；希望能“不把浑圆的体看作平薄的片”。

朱湘自己曾思量道："文学只有一种，不过文学大路却有两条。惟美惟用并非文学的种类，它们只是文学的道路……力量不够的人走了半截路，走不动了，便停下了，所以他看另一条路上的人因为彼此是不同甚至相反的，惟有天才从不同的路上同达于归宿，彼此相视而笑，李杜、莎士比亚、易卜生便是好例。"

1946 年 8 月，毛泽东在会见美国记者安娜·路易斯·斯特朗时说："一切反动派都是纸老虎。看起来，反动派的样子是可怕的，但是实际上并没有什么了不起的力量。从长远的观点看问题，真正强大的力量不是反动派，而是人民。"

柳亚子在第二十四卷第五号《教育杂志》的"读经问题"专号上说："时代已是一九三五年，而中国人还在提倡读经，是不是神经病，我也不用多讲了！"又说："主张读经的人，最好请他多读一点历史，诵《孝经》以退黄巾，结果只有做黄巾的刀下鬼罢了！"

叶圣陶说：人类不灭，恋爱也永存。但是恋爱各色各样。像公子小姐们玩的恋爱，让它"没落"吧！

1948 年，贺麟对郑天挺说："从历史上看，有的从西北打进来，便为中原之主。从清朝起，从东北打入关也可以主宰中国，现在共产党从两方面都打进来，看来国民党是完了。"

1948 年底，胡适从北京乘飞机经南京到上海，与当时正在复旦大学当教授的曹佩声共进了一顿有家乡风味的便餐。席间，曹佩声中肯地规劝胡适说："你不要再跟蒋介石走下去了。"可憾胡适没有入耳，终于跟着蒋介石去了台湾。

胡适说："我们走遍世界，可曾看到哪一个有长进的民族肯这样荒时废业的？麻将只能是爱闲荡，不珍惜时间的民族的'专利品'！"话虽说得惊心动魄，但他还是乐此不疲。

张爱玲曾去印刷所校新书样稿。当天，她穿着奇装异服，整个印刷所的工人都为之侧目。超高的回头率令张爱玲十分满意，在和女工闲聊时，她说：“要想让别人在众多人里只注意你一个，就得去找你祖母的衣服来穿。”女工被吓了一大跳：“穿祖母的衣服，那不成穿寿衣了吗？”张爱玲答道：“那有什么关系，别致就好。”

柏杨说：“对一个人个性和品格的观察，仅从表面上判断，不容易得到结论，但若请他打个小牌，便很容易看得明明白白。”

老舍认为选择爱人的标准是：“两个帮手，彼此帮忙，是上等婚姻。”他说：“美不是一切，太太不是图画与雕刻，可以用审美态度去鉴赏。人的美还有品德、体格的成分在内。”

1964 年，陆文夫绝望之下，两次爬上灵谷塔。第一次爬到顶层，往下一看，翠谷松涛，仿佛冥冥之中给他某种火花般的启示，“我不相信世间会这样，我还要看看！”第二次只爬到第七层，终于决定不爬了——最终也没有跳下去。

林语堂在《生活的艺术》中说：“今天我们所有的哲学是一种远离人生的哲学，它差不多已经自认没有教导我们人生的意义和生活的智慧的意旨，这种哲学实在早已丧失了我们所认为是哲学的精英的对人生的切己的感觉和对生活的知悉。”

梁思成说：“一个东方古国的城市，在建筑上如果完全失掉自己的艺术特征，在文化表现及观瞻方面都是大可痛心的。因为这事实明显代表着我们文化的衰落，至于消失的现象。”

余光中评价说：梁实秋的文学思想强调古典的纪律，反对浪漫的放纵。他认为革命文学也好，普罗文学也好，都只是把文学当作工具，眼中并无文学；但是在另一方面，他也不赞成为艺术而艺术，因为那样势必把艺术抽离人生。简而言之，他认为文学既非宣传，亦非游戏。他始终标举安诺德所说的，作家应该“沉静地观察人生，并观察其全貌”。因此他认为文学描写的充分对象是人生，而不仅是阶级性。

三毛说：“结婚这回事，看来简单。其实婚姻生活的美满与否，是一场化学、政治学、经济学、心理学、伦理学以及玄学的大结合。这门功课并不简单。”

一次，女同事张纯音与顾准争论：“别人要是打了你的左脸，你再将右脸递上去，完全是一种奴隶哲学。我的观点是针锋相对，以牙还牙，以眼还眼。”顾准答：“人类社会正是因为有强烈的报复之心，你打我一拳我还你一脚，才总是斗争不已。如果大家都有宽容仁爱之心，这个世界会好得多。”

金庸在香港办《明报》时，曾经执笔写社评预测中国大陆的政局，每言必应验。曾有人问起这其中的玄机，金庸说：“我读《资治通鉴》几十年，一边看，一边研究……是《资治通鉴》让我了解了中国的历史规律，几乎所有的中国人也在沿袭这个规律。”

钱钟书对科学家和科学有两个妙喻：科学家像酒，越老越可贵；科学像女人，老了便不值钱。

李敖认为每个女人都有三个敌人：第一是无情的时间，第二是不追她的男人，第三是别的漂亮的女人。

钱钟书在《围城》里说：“天下只有两种人。譬如一串葡萄到手，一种人挑最好的先吃，另一种人把最好的留在最后吃。照例第一种人应该乐观，因为他每吃一颗都是吃剩的葡萄里最好的；第二种人应该悲观，因为他每吃一颗都是吃剩的葡萄里最坏的。不过事实上却适得其反，缘故是第二种人还有希望，第一种人只有回忆。”

亦舒说："一个人在一生之内做好一件事已经足以自豪，得陇望蜀诚属不智。"

林清玄在山东大学演讲时说："什么是成功的人？就是今天比昨天更有智慧的人，今天比昨天更慈悲的人，今天比昨天更懂得爱的人，今天比昨天更懂得生活美的人，今天比昨天更懂得宽容的人。"

有网友问罗大佑："音乐和爱情哪个更重要？"罗大佑回答："当爱人走了的时候音乐就来了，当音乐走掉的时候爱人就来了。"

冯友兰在弥留之际，用力说出的最后的关于哲学的话是："中国哲学将来要大放光彩！"

人论第十五

1839年，龚自珍路过元和（今江苏吴县），作诗怀念顾千里：“湖山旷劫三吴地，何日重生此霸才？”

胡林翼挽林则徐：“报先帝而忠陛下，两朝开济属宗臣，表续出师，千古英雄同下泪；佐天子以活百姓，万口欢呼起司马，家传画像，四方妇孺皆知。”

赵古泥（赵石）为常州书家唐驼治印，因“驼”字不见于《说文》，故用“佗”字替代；唐驼取阅后，将印章退还，称“佗”有误。赵即当众磨掉印章刻字，且与润资一并退还，说：“想不到唐某不愿做人，反而做畜生。”

左宗棠收复新疆后，曾专门到福建林则徐祠拜谒，并留下一副对联：“三吴颂遗爱，鲸浪初平，治水行盐，如公皆不朽；卅载接音尘，鸿泥偶踏，湘间邗上，今我复重来。”

张之洞说，洞庭湖南北有两大诗人，南王湘绮（闿运），北樊樊山（增祥）。

辛丑议和，李鸿章与张之洞意见分歧。李鸿章说：“香涛做官数十年，犹是书生之见耳。”张之洞反唇相讥道：“少荃议和二三次，遂以前辈自居乎？”

康有为50大寿时，收到一副貌似嵌字联实为藏尾联的寿联：“国家将亡必有；老而不死是为。”上下联分别出自《中庸》中“国家将亡必有妖孽”和《论语·宽问》中“老而不死是为贼”。梁启超看后，提笔在原联加了四个字，将骂联改为寿联：“国家将亡必有忠烈；老而不死是为人瑞。”

梁启超50大寿时，罗瘿公撰寿联：“每为天下非常事，已少人间未见书。”

关于谭嗣同思想的来历和为人性情，有很多说法。欧阳予倩先生在回忆中叙道：“我小的时候常常看见他。当时浏阳士子以为他走过的地方最多，是邑中最能通达中外形势的人……他可说是无书不读。经史辞赋之外，于基督教义、神学、佛学，无不精研，而于政治、哲学，致力尤多。他于文事之暇，喜欢技击，会骑马，会舞剑。我曾见他蹲在地上，叫两个人紧握他的辫根，一翻身站起来，那两个人都跌一跤。他写起字来，喜欢用食指压住笔头。人家觉得他无论什么都有点与众不同；我虽是小孩子，也觉得每见他时，就不由得引起一种好奇心，总之，他是无处不表露才气纵横、不可一世之概。他绝无嗜好，我没有见他吸过烟、打过牌。”

夏丏尊评价李叔同：“李先生教图画、音乐，学生对图画、音乐，看得比国文、数学等更重。这是有人格作背景的原故。因为他教图画、音乐，而他所懂得的不仅是图画、音乐；他的诗文比国文先生的更好，他的书法比习字先生的更好，他的英文比英文先生的更好……这好比一尊佛像，有后光，故能令人敬仰。”

胡适描述丁在君：在君的为人是最可敬爱，最可亲爱的。他的奇怪的眼光，他的虬起的德国威廉皇帝式的胡子，都使小孩子和女人见了害怕。他对不喜欢的人，总是斜着头，从眼镜的上边看他，眼睛露出白珠多，黑珠少，怪可嫌的！我曾对他说："从前史书上说阮籍能作青白眼，我向来不懂得；自从认得了你，我才明白了'白眼对人'是怎样一回事！"他听了大笑。

梁启超曾将李鸿章比为汉朝大将军霍光，说李是不学无术之徒。辜鸿铭却将李比为汉朝曹参，取其萧规曹随、举事无所变更也。

王国维挽沈曾植："是大诗人，是大学人，是更大哲人，四昭炯心光，岂谓微言绝今日；为家孝子，为国纯臣，为世界先觉，一哀感知己，要为天下哭先生。"

章士钊仅见孙中山书法即已悦服："一日，吾在王侃叔处，见先生所作手札，长至数百言，用日本美浓卷纸写，字迹雄伟，吾甚骇异，由此不敢仅以草莽英雄视先生，而起心悦诚服之意。"

袁世凯妒忌张之洞的名望在己之上，曾对人说："张中堂是读书有学问的人，我是为国家办实事的人。"

辛亥革命后南北议和，伍廷芳任其事，颇费周折，甚而须发皆白，终无成议。由于心力交瘁，伍随后病故。家人遵遗嘱，为其举行了火弃。章太炎为挽联曰："一夜白须髭，多亏东皋公救难；片时灰骸骨，不用西门庆花钱。"

蒲殿俊是光绪年间进士，任授刑部主事。袁世凯揽权后，想收蒲为已用，在和蒲的交谈中，袁世凯掩饰不住洋洋自得："……恐怕就是两个曹孟德也不过如此。"蒲殿俊不客气地说："天下自认为不为人欺者终被人欺。"

1912年，孙中山与黄兴北上，同袁世凯会晤。见面后，孙中山郑重地对袁说，他愿意在十年内修筑铁路二十万里，请袁也在十年内训成精兵一百万。袁世凯听后惊诧不已，对亲信说："孙氏志气高尚，见解亦超卓，但非实行家，徒居发起人之列而已。黄氏性质直，果于行事，然不免胆小识短，易受小人之欺。"

王闿运撰联嘲讽袁世凯称帝倒行逆施："民犹是也，国犹是也，何分南北？总而言之，统而言之，不是东西。"

杨度挽袁世凯："共和误民国？民国误共和？百世而后，再平是狱；君宪负明公？明公负君宪？九泉之下，三复斯言。"

蒋百里在德国深造期间，德国军事学家、《战略论》的作者伯卢麦将军拍着蒋的肩膀说："拿破仑说过，东方将出现一位伟大的将军，这句话也许就应在你身上了。"

清末民初的杂笔佚闻之作，颇有涉及赛金花事迹者，苏曼殊的《焚剑记》记载："彩云为洪状元夫人，至英国，与女王同摄小影，及状元死，彩云亦零落人间。庚子之役，与联军元帅瓦德西办外交，玻璃厂之国粹，赖以保存……能保护住这个文物地区，不使它遭受捣毁破坏，也应算她做了一桩好事。"

潘大逵对罗隆基推崇备至："……他是一个高才生，中英文俱佳，中文尤为擅长，能写作，善辩论，得过清华国语演说比赛第一名。他颇有领导才能，是个才华横溢的政治家。"

章太炎挽黄兴："无公则无民国；有史必有斯人！"

北大曾荟萃了诸多才子、狂人。傅斯年在其中尤为出类拔萃。1917年，胡适在北大讲中国古代哲学史，傅斯年慕名也跑去听，课后向胡适提了一些问题。胡适后来说，初到北大任教，有些学生比他的学问还大，所指即是傅斯年。

章太炎撰黄兴墓志铭云："君性刚果，而对人媞顺如女子。"

杨度挽王闿运："旷古圣人才，试以逍遥通世法；平生帝王学，只今颠沛愧师承。"

蒋梦麟评价蔡元培：先生日常性情温和，如冬日之可爱……处事接物，恬淡从容，无论遇达官贵人或引车卖浆之流，态度如一。但一遇大事，则刚强之性立见，发言作文不肯苟同。

1924年4月10日，辜鸿铭应日本大东文化协会之邀，赴日进行巡回学术讲演，其在日讲辞被辑为《辜鸿铭讲演集》。1927年秋，辜鸿铭归国，临行前书赠大东文化协会干事长萨摩雄次："又要忠，又要孝，又要风流，乃为真豪杰；不爱财，不爱酒，不爱夫人，是个老头陀。"

《大公报》创始人胡霖说："蒋介石的再婚，是一项有预谋的政治活动。他希望藉此赢得孙逸仙和宋子文的支持……蒋介石也开始觉得有必要寻求西方的支持。娶美龄为妻后，他便有了与西方交涉的'嘴巴与耳朵'。此外极力推荐子文是一个财政专家。但如果说蒋介石不爱宋美龄，是不公平的。蒋介石显然把自己看成英雄，在中国历史上，英雄爱美人是天经地义的事。为了政治上的考虑，蒋介石什么事都做得出来。"

温源宁生于1899年，广东陆丰人，早年留学于英国剑桥大学，获法学硕士学位，回国后于1925年始任教于北大。听过他课的学生张中行在《负暄琐话》中描述：温先生是位英国化了的"洋绅士"，中等身材，西装革履，年岁不大，却因神态严肃而显得成熟干练，通常总是用英语讲话，语调典雅顿挫，透出某种古典味道。

胡适说，现在的人看见辜鸿铭拖着辫子，谈着“尊王大义”，一定以为他是向来顽固的。却不知当初辜鸿铭是最先剪辫子的人；当他壮年时，衙门里拜万寿，他坐着不动。后来人家谈革命了，他才把辫子留起来。辛亥革命时，他的辫子还没有养全，他戴着假发结的辫子，坐着马车乱跑，很出风头。这种心理很可研究。当初他是“立异以为高”，如今竟是“久假而不归”了。

陈寅恪在清华大学教书时，校长罗家伦送给他一本自己编著的《科学与玄学》。陈寅恪翻看后，对罗家伦说：“志希，我送你一联如何？”罗说立即去买纸请写，陈言不必，并当即咏诵：“不通家法科学玄学，语无伦次中文西文。”横幅为“儒将风流”。罗家伦曾在北伐军中任少将，雄姿英发，固有“儒将风流”之说。而上下联则巧妙地把“家伦”二字镶嵌其中。

1927年，王国维在颐和园昆明湖投水自尽。陈寅恪无尽悲伤，挽其曰：“十七年家国久魂销，犹余剩水残冰，留于累臣供一死；五千卷牙签新手触，待检玄文奇字，谬承遗命倍伤神。”

1931年，蔡和森在国民党监狱中英勇就义后，其妹蔡畅撰挽联曰：“外斗争，中斗争，中外事起，大众讴歌开拓者；嫂去了，兄去了，兄嫂瞑目，小妹誓作后来人。”

郭绍虞1932年闻听自己的一位学生自杀身亡，撰联挽之：“原来如此世界，如此人生，活着有何意义？不过这样年华，这样学识，死了未免可惜！”

相传，清代乾隆皇帝下江南，到杭州饱览西湖美景后，信笔题上“虫二”两个大字，暗隐“風（风）月无边”。1933年6月20日夜，鲁迅在致林语堂一信中写道：“不准人开一开口，则《论语》虽专谈虫二，恐亦难，段盖虫二亦有谈得讨厌与否之别也。”

温源宁在《中国评论周报》的《亲切写真》栏陆续撰发了20余篇评介当代文化名人的文章，“气坏了好多人，同时也有人捧腹绝倒的”。他写辜鸿铭：“大家都接受的，他反对。大家都崇拜的，他蔑视。与众不同是他的快乐和骄傲。因为时兴剪辫子，所以他留着。如果别人都有辫子，我敢断定辜鸿铭一定第一个剪去。”称丁文江是一个十分聪明且才智焕发的人，敏捷伶俐，富于接受力，但自信力极强，不大考虑别人的观点，他能搜寻各种素材，却不善于将之咀嚼消化成为概念，不妨把他看作一部百科全书，可从中取得正确知识，“不过要想学到智慧，恐怕不如去请教一位知识可能比丁博士少些而幻想和沉思比丁博士多些的人。”

浦清江说：“徐志摩之为人为诗，皆可以‘肉麻’二字了之。”

胡适在北平时，因“旧瓶新酒”一词引发他的考据癖。他说：“现在的人爱引用西洋古谚‘旧瓶新酒’，一定是被翻译错了。其出处在马可福音第二章，犹太人用羊皮装新酒，而不是用什么瓷玻璃瓶的。”有人为此写了一首打油诗：先生考据擅专场，马可福音第二章。原是旧皮囊一个，难将新酒肚中装。

罗家伦评论傅斯年说：“孟真贫于财，而富于书，富于学，富于思想，富于感情，尤其富于一股为正气而奋斗的斗劲。”

陈平原说：“有其位者不一定有其识，有其识者不一定有其位；有其位有其识者，不一定有其时——集天时地利人和于一身，才可能有蔡元培出掌北大时之挥洒自如。”

林徽因读了萧乾的短篇小说《蚕》后，非常欣赏。特意邀请尚在燕京大学读书的萧乾来家中做客。林对年少的萧乾给予了热情的鼓励，说：“用感情写作的人不多，你就是一个。”

鲁迅在悼念刘半农时说："假如将韬略比作一间仓库罢，独秀先生的是外面竖一面大旗，大书道：'内皆武器，来这小心！'但那门却开着的，里面有几支枪，几把刀，一目了然，用不着提防。适之先生是紧紧地关着门，门上粘一条小纸条道：'内无武器，请勿疑虑。'这自然可以是真的，但有些人，至少是我这样的人，有时总不免要侧着头想一想。半农是令人不觉其有武库的一个人。所以我佩服陈胡，却亲近半农。"

郁达夫挽徐志摩："两卷新诗，廿年旧友，相逢同在天涯，只为佳人难再得；一声何满，九点齐烟，化鹤重归华表，应愁高处不胜寒。"

1934年，徐悲鸿在莫斯科国立博物馆举办画展，他应邀当场为观众作画，很快，一匹势不可挡的奔马便跃然纸上。当时，素有爱马之癖的苏联骑兵元帅布琼尼也在观众群里，他郑重地请求徐悲鸿将那张画赠给他。徐当即答应。布琼尼高兴得像打了个胜仗似的，和徐悲鸿热烈拥抱，并大声称赞道："徐先生，你不仅是东方的一支神笔，也是属于世界的一支神笔。你笔下的奔马，比我所骑过的那些战马更加奔放、健美！"

1935年初，胡蝶赴莫斯科参加国际电影展览会，接着又赴柏林参加了国际电影会议，此后，游历了巴黎、伦敦、日内瓦、罗马等名城。在国外，她被人们誉为"中国的葛丽泰·嘉宝""东方美人"。

向警予被国民党反动派杀害后，其婆母葛健豪撰挽联曰："同乡里，同留法，同一家，同甘共苦，戚戚焉，愚母惭愧未同去；先国家，先民族，先大众，先人后己，凛凛然，贤媳光荣已先归。"

鲁迅挽瞿秋白："是七尺男儿，生能舍己。作千秋鬼雄，死不还家。"

胡适说傅斯年是"人间一个最稀有的天才。他的记忆力最强，理解力也最强。他能做最细密的绣花针功夫，他又有最大之胆识懂得大刀阔斧的本领。他是最能做学问的学人，同时他又是最能办事、最有组织才干的天生领袖人物。他的情感是最有热力，往往带有爆炸性的；同时，他又是最温柔、最富于理智、最有条理的一个可爱可亲的人"。

章太炎在苏州病故后，钱玄同除与在京同门以"先师梦奠，惨痛何极"发电致唁外，并挽以长联："缵苍水宁人太冲姜斋之遗绪而革命；萃庄生荀卿子长叔重之道术于一身。"

朱光潜赞李叔同："以出世的态度做人，以入世的态度做事。"

郭绍虞说："闻一多是'疾恶如仇'，朱自清是'从善如归'。"

梁实秋说："鲁迅的文章实在是写得好，老实讲，在左派阵营里，还很难再找出第二个像他这样的人才……"

鲁迅说刘半农"浅如清溪"。

徐悲鸿说："张大千，五百年来第一人也。"

齐白石挽胡沁园："诱我费尽殷勤，衣钵信真传，三绝不愁知己少；负公尤为期望，功名应无分，一生长笑折腰卑。"

马宗融没什么时间观念。朋友们与友人定约会的时候，若说随便什么时间，早晨也好，晚上也好，反正一天之中什么时候来都可以，于是便说"马宗融的时间吧！"

李大钊公弃时，时人挽其曰："南陈已囚，空教前贤笑后死；北李如在，哪用吾辈哭先生。”

郭沫若说：“殷墟的发现，是新史学的开端；王国维的成绩，是新史学的开山。”

张伯苓身材高大。宁恩承说：“许多知名人如拿破仑、张作霖、袁世凯等均身材短小。他们的知名度和他们的身躯不成比例。唯张伯苓先生的伟大表里如一。心胸伟大，勋功伟大，他的身躯也伟大。他身高六尺三寸，体重二百五十磅。声如洪钟，走在一般人群之中，诚如鹤立鸡群。在南开校园中，与同事伉乃如、喻传鉴、孟琴襄一同行走，好像一位幼稚园先生率领几个小孩。实际上喻、伉、孟三先生均是五尺多高的常人。唯伯苓先生身材高大，魁梧奇伟，出人头地，把其余的人显得渺小了。他坐在演讲台上，其他同坐在台上之人亦显得微小。例如和顾维钧、梁启超或汪精卫同坐一个讲坛之上，只有张先生是唯一大人物，其他人均显得很微小。”

林语堂说：“鲁迅所持非丈二长矛，亦非青龙大刀。乃炼钢宝剑，名宇宙锋。是剑也，斩石如棉，其锋不挫，刺人杀狗，骨骼尽解。于是鲁迅把玩不释，以为嬉乐，东砍西刨，情不自已，与绍兴学童得一把洋刀戏刻书案情形，正复相同。故鲁迅有时或类鲁智深。故鲁迅所杀，猛士劲敌有之，僧丐无赖，鸡狗牛蛇亦有之。鲁迅终不以天下英雄死尽，宝剑无用武之地而悲。路见疯犬，癞犬，及守家犬，挥剑一砍，提狗头归，而饮绍兴，名为下酒。此又鲁迅之一副活形也。”

鲁迅说：“半农的活泼，有时颇近于草率，勇敢也有失之无谋的地方。但是，要商量袭击敌人的时候，他还是好伙伴，进行之际，心口并不相应，或者暗暗地给你一刀，他是决不会的。倘若失了算，那是因为没有算好的缘故。”

杨时逢对赵元任先生的评价是：赵先生不但在学术研究方面有莫大的成就，就是办事的才干和智慧，也非常人所能及。我们在一块儿工作，差不多十几年，他的为人在我的印象中，可以用下面几句话来形容：和蔼可亲不多言而使人敬畏，从来不与人大声争论，从未骂过人，就是讨论学问时，也都是和颜悦色，说话风趣幽默；一诺千金，答应做的事一定要遵行；天性纯厚，道德、风采、修养，都令人十分敬仰。真是一位典型的学者，值得我们效法。

吴锡泽回忆说："顾（颉刚）先生常对我说：'文不必求多，如能有一二篇传得下去，便算得上是不虚此一生了。'从他这种口气中，不难推知顾先生之为学，本是重精不重博……仅有精的一点来说，已足使顾先生在学术上占有重要的地位了。"

1936年底，毛泽东专门为丁玲作《临江仙》一首："壁上红旗飘落照，西风漫卷孤城。保安人物一时新，洞中开宴会，招待出牢人。纤笔一枝谁与似？三千毛瑟精兵。阵图开向陇山东。昨天文小姐，今日武将军。"

1938年1月7日梁漱溟到延安，与毛泽东谈话八次，其中两次谈了通宵。后来梁回忆说："毛主席给我的谈话，就是《论持久战》的那些观点，中国不妥协，日本必败。""我非常佩服他，五体投地地佩服。"

叶公超说，他的哥儿们胡适、徐志摩的散文不敌鲁迅，惹得向以宅心仁厚自居的胡适十分恼火，斥之"鲁迅生前连吐痰都不会吐在你头上，你为什么写那样长的文章捧他"。

国民党四川省主席张群评价卢作孚：一个没有受过学校教育的学者，一个没有现代个人享受要求的现代企业家，一个没有钱的大亨。

胡风看了萧红的《生死场》后说："我们看到了女性的纤细的感觉，也看到了非女性的雄迈的胸襟。"

叶公超曾任西南联大的外文系主任，杨振宁曾上过他的英文课。杨后来说：“叶教授的英文课很糟糕。他对学生不感兴趣，有时甚至要捉弄我们。我不记得从他那里学到了什么东西。”

宋庆龄曾强烈反对宋美龄与蒋介石结婚。1940 年，宋庆龄在香港对美国记者斯诺说，蒋介石与宋美龄的婚姻，“一开始并无爱情可言，不过我想他们现在已有了爱情，美龄真心诚意地爱蒋，蒋也真心诚意地爱她。如果没有美龄，蒋会变得更糟糕。”

1945 年日本投降后，西南联大解散并迁回平津，傅斯年任北大代理校长，并严格执行他所说的“北大决不录用伪北大的教职员”。因此，周作人对傅斯年恨之入骨，认为傅不过是一个外强中干的人，“又怕人家看出他懦怯卑劣的心事，表面上故意相反地显示很大胆，动不动就叫嚣，人家叫他‘傅大炮’，这正中了他的诡计。”

季羡林评价吴宓：雨僧先生是一个奇特的人，身上也有不少的矛盾。他古貌古心，同其他教授不一样，所以奇特。他言行一致，表里如一，同其他教授不一样，所以奇特。别人写白话文，写新诗；他偏写古文、写旧诗，所以奇特。他反对白话文，但又十分推崇用白话写成的《红楼梦》，所以矛盾。他看似严肃、古板，但又颇有一些恋爱的浪漫史，所以矛盾。他能同青年学生来往，但又凛然、俨然，所以矛盾。总之，他是一个既奇特又矛盾的人。

郭沫若曾盛赞郁达夫：“他那清新的笔调，在中国的枯槁的社会里面好像吹来了一股清风，立刻吹醒了当时无数青年人的心。他那大胆的自我暴露，对于深藏在千年万年背甲里面的士大夫的虚伪，完全是一种暴风雨的闪击，把一些假道学假才子们震惊得至于狂怒了。”

毛泽东说邵飘萍“是一个自由主义者，充满了热烈理想和良好性格的人”。

温源宁这样评说吴宓：“一个孤独的悲剧角色！尤其可悲的是，他对自己完全不了解。他承认自己是热心的人道主义者、古典主义者；不过，从气质上看，他是个彻头彻尾的浪漫主义者，这一点，因为他是那么真挚，那么表里如一，所以谁都看得出来，除了他本人！他赞赏拜伦，甚至仿照《哈罗尔德公子》写了一篇中文长诗，自相矛盾，然而，谁也不觉得这是个闷葫芦，除了他自己！”

林语堂在自传中曾谈及鲁迅与周作人：我们是每两周聚会一次，通常是在星期六下午，地点是中央公园来今雨轩的茂密的松林之下。周作人总是经常出席。他和他的文字笔调儿一样，声音迂缓，从容不迫，激动之下，也不会把声音提高。他哥哥周树人（鲁迅）可就不同了，每逢他攻击敌人的言辞锋利可喜之时，他会得意得哄然大笑。他身材矮小，尖尖的胡子，两腮干瘪，永远穿中国衣裳，看来像个抽鸦片烟的。没有人会猜想到他会以盟主般的威力写出辛辣的讽刺文字，而能针针见血的。他极受读者欢迎。

余英时说：我跟钱（穆）先生熟了以后，真可以说是不拘形迹，无话不谈，甚至彼此偶尔幽默一下也是有的。但是他的尊严永远是那里的，使你不可能有一分钟忘记。但这绝对不是老师的架子，绝不是知识学问的傲慢，更不是世俗的矜持。他一切都是自自然然的，这是经过人文教养浸润以后的那种自然。我想这也许便是中国传统语言所谓的“道尊”，或现代西方人所说的“人格尊严”。

宁恩承说：“伯苓先先生伟大之处在于舍己为人，公而忘私。身居陋巷之中，不改其乐。一切为公为国，为他人着想，力行忠恕之道。”

唐德刚说：“孙中山先生是近代中国最高层领袖中，凤毛麟角的modern man（现代人），是真能摆脱帝王官僚传统而笃信民权的民主政治家。”

李宗仁一生受制于蒋介石。李与蒋氏共事期间，处处受掣肘，经常弄得湿手插在干面里，到处都脱不了干系。主意是蒋出，责任却由他来负，往往狼狈不堪。后每提及蒋，李就气不打一处来，他曾多次言之凿凿地说，蒋氏非但不能指挥一个国家的军队，也不能指挥一个集团军，充其量指挥一个师，还很勉强。

张伯苓70岁寿辰时，老舍和曹禺合写贺词曰："知道有个中国的 / 便知道有个南开 / 这不是吹，也不是谤 / 真的，天下谁不知 / 南开有个张校长。"

1948年8月，南京高级军事会议提拔黄维为十二兵团司令长官。然而，初掌帅印的黄维不但没有立下奇功，反而在随后的徐蚌会战中惨败。杨伯涛指责此次惨败主要是因为黄维昏庸无能，刚愎自用。杨在其回忆录中不无遗憾地写道："本来兵团司令一职，无论在战功上，资历上，胡琏都当之无愧，这几个军，由他哺育而成，凭种种条件，司令官一职，在我们官兵看来，非胡琏莫属，但出乎意料，屈居黄维副手！"

解放前，84岁的齐白石见到陈大羽的一幅雄鸡图，喜出望外，当即题跋："论艺术要天分过人。有此画鸡之天分，天下人自有眼目，况天道酬勤，大羽弟应得大名。"

冯友兰评价蔡元培："一介寒儒，书生本色。"

叶圣陶为《冰心散文集》写广告：收散文45篇；题材虽是散文，骨子里全是诗，展读一过，是无上的享受。

王力对陈布雷甚为叹服，以为"他的文言文是最好的"。

俞平伯评价李叔同："少年时做公子，像个翩翩公子；中年时做名士，像个风流名士；做话剧，像个演员；学油画，像个美术家；学钢琴，像个音乐家；办报刊，像个编者；当教员，像个老师；做和尚，像个高僧。”

张爱玲说：“每个男人全都有过这样的两个女人，至少两个。娶了红玫瑰，久而久之，红的变了墙上的一抹蚊子血，白的还是‘床前明月光’；娶了白玫瑰，白的便是衣服上的一粒饭粘子，红的却是心口上的一颗朱砂痣。”

李宗仁回忆汪精卫：“仪表堂堂，满腹诗书，使人相对，如坐春风中。初与接触，颇能号召一部分青年。然汪精卫黔驴之技，亦止此而已。其真正个性，则是热中名利，既不择手段，也不顾信义，每临大事，辄举棋不定。每出席重要会议，周身摆动，两手搓个不停。为人更极虚伪，其所不喜之人赴访，汪氏也屈尊接见，状极亲昵。然客甫出门，汪氏立现不愉之色，顿足唾弃，转瞬之间，态度判若两人。”

冰心说夏衍“言必行，行必果”。

巴金对冰心说：“有你在，灯亮着；我们不在黑暗中，我们放心了。”

林徽因逝后，金岳霖曾写挽诗云：“一身诗意千寻瀑，万古人间四月天。”

丁聪为杨宪益作头像，极神似，请吴祖光题诗：“年少足风流，老来未易休，酒狂思《水浒》，馔美译《红楼》。”而杨宪益自己的题诗是：“少小欠风流，而今糟老头，学成半瓶醋，诗打一缸油。恃欲言无忌，贪杯孰与俦？蹉跎渐白发，辛苦作黄牛。”

巴金说：“（沈）从文就是这样一个人，他不喜欢表现自己，可是我和他接触较多，就看出他身上有不少发光的东西，不仅有很高的才华，他还有一颗金子般的心。”

1961年梅兰芳去世后，书画家、篆刻家朱复戡作七律挽诗一首：“痛惜贵妃辞醉酒，蓝桥魂断哭梅郎。花飞云散悲天女，凤去巢空还羽裳。金殿利锋倾宇宙，玉堂春梦隔幽苍。生离死诀绵绵恨，从此虞姬别霸王。”

林语堂在1967年在《想念蔡元培先生》一文中说：“蔡先生就是蔡先生。这是北大同仁的共感。言下之意，似乎含有无限的爱戴及尊敬，也似乎说天下没有第二个蔡先生。别人尽管可有长短处，但是对于蔡先生大家一致认同，再没有什么可说的。”

贾植芳与胡风感情深厚。胡风死后，贾植芳悲痛欲绝，在追悼会上失声痛哭，不能自已。他给胡风写的挽联是：“焦大多嘴吃马粪，贾府多少有点人道主义；阿Q革命遭枪毙，民国原来是一块假招牌。”

沈从文自述：“我来到城市五六十年，始终还是一个乡下人，不习惯城市生活，苦苦怀念我家乡那条沅水和水边的人们，我的感情和他们不可分。虽然也写都市生活，写城市各阶层人，但对我自己的作品，我比较喜欢的还是那些描写我家乡水边人的哀乐故事。因此我被称作乡土作家。”

叶浅予说廖冰兄：“他心目中的世界，一片肮脏与贵贱；他手掌心的图画，满纸冷嘲与热讽；猫国春秋讽当世，自画丑相批‘文革’；正直心肠硬碰硬，说话像开机关枪。”

1975年，蒋介石去世。张学良在蒋的灵前写下挽联：“关怀之殷，情同骨肉；政见之争，宛若仇雠。”

张学良评价其父张作霖说：“有雄才而无大略。”

季羡林说建国以来的知识分子，他最佩服的，有两个。一个是马寅初，一个是梁漱溟。

王瑶说："鲁迅先生是真正的知识分子。什么是知识分子？他首先要有知识；其次，他是'分子'，有独立性。否则，分子不独立，知识也会变质。"

李敖对情爱的形象比喻："在你获奖的时候，媳妇会要你的奖状，情妇会要你的奖金；在你失败而流泪的时候，媳妇会给你一块手帕，情妇会给你一记耳光。"

《围城》的导演黄蜀芹在拜会钱钟书夫妇后曾很感慨地说："做知识分子就要像他们一样！"

英国作家阿克敦在回忆录中夸奖萧乾："萧乾怕是我和中国文化人交好的最后一位了。他看来像是个小伙子，但见解论断，已非常成熟。他是多产作家，用英文、中文写过很多作品，跟他合作起来非常愉快。"

阿城说："所谓思乡，我观察到基本是由于吃了异乡食物，不好消化，于是开始闹情绪。"

卜少夫一生繁忙。他 90 岁时，一位友人曾这样介绍他的日常生活："他一天要接一百个电话，看二十份报纸，翻阅包括细读无数本杂志与赠书。一天八个聚会，五个饭局，一整瓶 XO，半打啤酒，加上五粮液、茅台、二锅头，不一而足。寒冬喝啤酒还加冰块。兴之所至，高歌一曲，跳半支舞……"他自已也说："我这个顽强的身体，常被朋友们称为稀有动物、怪人、异种。"

郑渊洁说："100 分把童年变成 100 岁。"

立言

第十六

龚自珍说："夫有人必有胸肝，有胸肝则必有耳目，有耳目则必有上下百年之见闻，有见闻则必有考订同异之事，有考订同异之事，则或胸以为是，胸以为非，有是非，则必有感慨激奋，感慨激奋而居上位，有其力，则所是者依，所非者去，感慨激奋而居下位，无其力，则探吾之是非，而昌昌大言之。……中书仕内阁，糜七品之俸，于今五年，所见所闻，胸弗谓是；同列八九十辈安之，而中书一人，胸弗谓是；大庭广众，苟且安之，梦觉独居，胸弗谓是；入东华门，坐值房，昏然安之；步出东华门，神明湛然，胸弗谓是；同列八九十辈，疑中书有痼疾，弗辨也，然胸弗谓是。"

林则徐生平不置恒产，有人劝他积些钱财，使子孙将来生活不致困苦，林则徐说："子孙若如我，留钱做什么？子孙不如我，留钱做什么？"

曾国藩曾自拟墓志铭曰："不信书，信运气，公之言，传万世。"

左宗棠 23 岁结婚时，在新房自写一副对联："身无半文，心忧天下；读破万卷，神交古人。"

1900 年夏，八国联军入侵中国，大沽、天津首当其冲，除义和团外，武卫军中承担了主要的作战任务。聂士成在主持天津防务的直隶总督裕禄面前慷慨陈词，表示“士成在一日，天津有一日，天津如失，士成不见大帅”。

曾有一封署名唐才常和谭嗣同的信，这样写道：“才常横人也，志在铺其蛮力于四海，不胜则以命继之。嗣同纵人也，志在超出此地球，视地球如掌上，果视此躯曾虮虱千万分之一不若。一死生，齐修短，嗤伦常，笑圣哲，方欲弃此躯而游于鸿濛之外，复何不敢勇不敢说之有！”

梁启超在日本时，给妻子李蕙仙的家信中附有一张着和服的照片，信中说：“衣冠虽异，肝胆不移，贻此相对，无殊面见矣。”

邹容在《革命军》中朗声宣告，要“扫除数千年种种之专制政体，脱去数千年种种之奴隶性质……”他还启蒙国人：“全国无论男女，皆为国民。凡为国人，男女一律平等，无上下贵贱之分……”

辜鸿铭曾任张之洞幕僚多年，一次有人问他张之洞较曾国藩如何，他说：“张之洞是儒臣，曾国藩是大臣而非儒臣。三公论道，是儒臣的事；计天下之安危，论行政之得失，是大臣的事。国无大臣则无政，国无儒臣则无教。政之有无，关国家之兴亡；教之有无，关人类之存灭，且无教之政终必至于无政也。”

1904 年 1 月 17 日，丁初我在上海创办《女子世界》杂志，其发刊词强调：“女子者，国民之母也。欲新中国，必新女子，欲强中国，必强女子。”

1907 年 5 月，因弹药被大雨淋湿，黄冈起义失败。革命党人朱子龙就义前留下《绝命词》曰：“死我一人天下生，且看革命起雄兵。满清窃国归乌有，到此天心合我心。”

章太炎与邹容在狱中合作绝命诗二首，其一为：平生御寇御风志（邹），近死之心不复阳（章）。愿力能生千猛士（邹），补牢未必恨亡羊（章）。

邓中夏的父亲是晚清举人，辛亥革命后，当过省参议员、县长。他几经辛苦，在北洋军政府农商部给邓中夏找到了一个待遇优厚的美差。委任状送来了，他非常高兴，可是却被邓中夏退了回去。父亲质问他：“为什么把委任状退了？”邓中夏说：“我不做官。”“这些年来，我供你上小学、中学，还供你进京上大学，指望你长大混个一官半职，继承父业。现在，你把好不容易才弄到手的委任状也退了，究竟想干什么？”“做官的人，都是对老百姓敲骨吸髓的。当这个官有什么意思！”邓中夏还和乡亲们说：“我要做公仆，我要联合同志，做到人人有饭吃，个个过富裕生活。我的目的要为广大群众谋福利，绝不为个人自私自利单独谋财。”

民初，杨度任袁世凯总统府政事堂少卿参政，竭力鼓吹君主立宪，实行帝制。1914 年初，他在《君宪救国论》中提出：“中国如不废共和，立君主，则强国无望，富国无望，立宪无望，终归于亡国而已……故以专制之权，行立宪之业，乃圣君英辟建立大功大业之极好机会。”袁世凯对此文大加赞赏，誉为“至理名言”，亲书“旷代逸才”，由政事堂制成匾额，赐赠杨度，勖勉有加。

梁漱溟原名焕鼎，字寿铭。民国初年曾在同盟会同仁创办的《民国报》当过编辑，做过外勤记者；他常用的笔名有寿民、瘦民等。有一次，该报总编辑孙洊民为梁写了一幅扇面，上款题“漱溟”二字，梁看后认为孙代拟的笔名很好，甚合心意。从此，梁便以“漱溟”为名。

袁世凯 83 天帝王梦化为泡影后，一病沉疴，竟至不起，弥留之际，咬牙切齿，怪声高叫："杨度误我！"

杨度自挽："帝道真如，如今都成过去事；医民救国，继起自有后来人。"

蔡元培说："大学者，'囊括大典，网络众家'之学府也。"

余日章作为国民政府的代表，前往华盛顿参加国际会议。其时，中日争端日益激烈，外国人多不明真相。于是，有人问余："中国人真的有自治能力吗？"余反问道："你读过世界历史吗？"那人回答："读过。"余紧接着又问："在世界各国中，试问哪一个国家有不受外族支配的民族自治政府，能有像中国这么长历史的？如果有，请告诉我。"

某次，王闿运在赴友人宴时，碰上了财政总长周自齐。周自齐西装笔挺，而王闿运貂褂翎顶，故国风范，周自齐走上前去用一种讥讽的口气说："湘绮老人，现在已经改朝换代了，你为什么还穿着前朝的服装，像个老古董，不合时宜吧。"王闿运慢慢吞吞地说："你我都是汉族人，但你与我的衣服都不是汉族的服装，而且当今服色未定，姑且各行其是吧。假如较起真来，你与我都有'汉奸'之嫌！"周自齐面红耳赤，讨了个没趣。

蔡元培所坚持维护的，还不仅仅是学者个人的学术自由，在与林琴南的辩论中他指出："无论为何种学派，苟其言之成理，持之以故，尚不达到自然淘汰之命运，虽彼此相反，而悉听其自由发展。"

1918年7月，李叔同正式出家。李出家后，自认"拙于辩才，说法之事，非其所长；行将以著述之业终其身耳"。

"五四"运动时，一些人对学生运动颇有微词。5月18日，数千名学生在北大法科大礼堂为郭钦光举行追悼大会，段锡朋在会上对那些持有偏见的人回应道："现在一般人每有一点误会，谓舍求学外，不能救国。不知时有缓急，事有轻重，今日何时，尚有我们伏读寒窗的工夫么。我们若是只管念书，终无争回青岛的一天。若是群起力争，或有达到目的的一日。"

陈独秀出世没有几个月，父亲即亡故。1921年，陈独秀在广东，在一次宴会上，陈炯明正正经经地问他："外间说你组织什么'讨父团'，真有此事吗？"陈也正正经经地回答说："我的儿子有资格组织这一团体，我连参加的资格也没有，因为我自幼便是一个没有父亲的孩子。"

据说老舍在他23岁那年，曾向他年轻的学生们发表一次公开演讲，他说："耶稣只负起一个十字架，而我们却应该准备牺牲自己，负起两个十字架：一个是破坏旧世界，另一个是建立新世界。"

孙中山在离世的前一天对身旁诸人嘱道："余此次北来，欲以国民会议建设新国家，务使三民主义、五权宪法实现，乃为疾痼所累，行将不起，死生常事，本无足惜；但数十年来，为国奔走，所抱主义，终未完成，希望诸同志能努力奋斗，早日达到三民五权之主张，则吾死亦瞑目矣！"

受北伐浪潮冲击，很多高中以上的学校及大学的学生，都受军事训练并组织学生军。在某次学生军的成立典礼上，胡适致辞："大家都知道当兵的丘八最狠，因为他们有武器；同时学生更狠，因为他们有头脑，有学问，所以人称丘九。今天学生组织了学生军，就变成丘十七，将来救国救民的责任，全在你们这批丘十七身上……"

高君宇的碑文是他生前自题相片的几句话，后由其恋人石评梅刻在碑上："我是宝剑，我是大海，我愿生如闪电的耀亮，我愿死如彗星之迅忽。"

钱玄同准备戒酒，为此特作“酒誓”以表决心：“我从中华民国二十二年七月二日起，当天发誓，绝对戒酒，即使面对周苦雨（周作人）、马凡将（马衡）二人也决不敷衍。恐后无凭，立此存照。钱龟竟。”

1926年，冯玉祥从苏联回陕后，有军事顾问乌斯马诺夫赞襄军务。他好打听西北军实况，并常常向冯发问，渐渐涉及用人行政。冯甚不悦，一日对乌：“你知道我们中国‘顾问’二字怎解吗？”乌答：“不知何解。”冯告之曰：“顾者看也，问者问语也。顾问者，当我看着你，有话问你之时，乃请你答复也。”乌赧颜说：“是的，总司令不问，我便不言了。”冯怕其太难过，随笑说：“但我一有所问，你当尽情答复啊。”

1928年，熊亨瀚就义前，在一块布上自写挽联曰：“十余载劳苦奔波，秉春秋笔，执教士鞭，仗剑从军，矢忠护党，有志未能伸，此生空热心中血；一家人悲伤哭泣，求父母恕，劝兄弟忍，温语慰妻，负荷嘱子，今冤终可白，再世当为天下雄。”

傅斯年喜欢参政，但不喜欢从政。国民政权屡屡示意欲委以重任，傅不为所动，且说：“我们是要奋斗的，惟其如此，应永久在野，盖一入政府，无法奋斗也。”

郁达夫请朋友吃饭。饭后付账，郁达夫从鞋底下抽出钞票交给堂倌。朋友很诧异，问：“你怎么把钱藏在鞋子里？”郁达夫笑笑，指着手里的钞票说：“这东西过去一直压迫我，现在我也要压迫它。”

李大钊在狱中撰写《自述》明志：“钊自束发受书，即矢志民族解放之事业，实践其所言，力行其所知，为功为罪，所不暇计。”

有朋友问：“林语堂，你是谁？”林语堂回答：“我也不知道他是谁，只有上帝知道。”

瞿秋白在敌人监狱中拍的一张照片上题词曰：“如果人有灵魂的话，何必要这个躯壳！但是如果没有的话，这个躯壳又有什么用处？这并不是格言，也不是哲理，而是另外有些意思的话。”

郁达夫在《怀鲁迅》中写道：“没有伟大的人物出现的民族，是世界上最可怜的生物之群；有了伟大的人物，而不知拥护、爱戴、崇仰的国家，是没有希望的奴隶之邦。”

胡适说：“有什么话，就说什么话，话怎么说，就怎么写。”

鲁迅说：“一要生存，二要温饱，三要发展，苟有阻碍这前途者，无论是古是今，是人是鬼，是《三坟》《五典》、百宋千元、天球河图、金人玉佛、祖传丸散、秘制膏丹，全都踏倒它。”

黄侃在南京期间，偶遇考试院院长戴季陶。戴问：“先生近来有何佳作？”黄答：“正编《漆黑文选》，你的那篇大作已经入选。”这里“漆黑”二字自《昭明文选》中的“昭明”反意而来。戴不知所措，一时尴尬得说不出话。

杨宇霆初名雨亭，字凌阁。他曾笑曰：“学名观之不雅，应当易之。”于是改名，音同字不同。

徐志摩相信他的理想是可以创造培养出来的。他对任公说：“嗟夫吾师！我尝奋我灵魂之精髓，以凝成一理想之明珠，涵之以热满之心血，朗照我深奥之灵府。而庸俗忌之嫉之，辄欲麻木其灵魂，捣碎其理想，杀灭其希望，污毁其纯洁！我之不流入堕落，流入庸懦，流入卑污，其几亦微矣！”

沈从文说：“一个具有独立思想的作家，能够追溯这个民族一切症结的所在。”

林语堂说:“人类能梦想,这是非常重要的,而同样重要的是有时能嘲笑一下自己的梦想。”

刘半农善写打油诗,常署名“桐花芝豆馆主”。有人问他,这笔名缘何如此,刘笑着说:“桐子、花生、芝麻、大豆皆打油原料也。”

徐志摩在答复任公(梁启超)的信中不承认他是把他人的苦痛来换自己的快乐。他说:我之甘冒世之不韪,竭全力以斗者,非特求免凶惨之苦痛,实求心之安顿,求人格之确立,求灵魂之救度耳。人谁不求庸德?人谁不安现成?人谁不畏艰险?然且有突围而出者,夫岂得已而然哉?

冯玉祥任陆军检阅使驻北平南苑时,宴请各国公使于陆军检阅使署。门上悬挂各国国旗,而日本国旗独付阙如。日使不怿,当堂质问其故。冯答:“自贵国提出二十一条件后,敝国人民一直抵制日货。贵国国旗实在无处购买,真对不住。鄙意如果贵国取消二十一条,即可购买悬挂贵国国旗了。”日使语塞,不胜忸怩,但亦莫奈之何也。

卢作孚说:“人生的快慰不在享受幸福,而在创造幸福。不在创造个人幸福,供个人享受,而在创造公众幸福,与公众一同享受。”

鲁迅的《两地书》出版后,遭到了胞弟周作人的抨击。他先是评其“几乎丧失理性”,后来又在自己的作品《周作人书信》问世之初,写信给北新书局(其出版了鲁迅的《两地书》):“没有办法,这原不是情书,不会有什么好看的。这又不是宣言书,别无什么新鲜的话可讲。反正只是几封给朋友的信,现在不过附在这集里再给未知的朋友们看看罢了……兼好法师曾说,人们活过了四十岁,便将忘记自己的老丑,想在人群中胡混,私欲益深,人情物理都不复了解……”

20 世纪 30 年代,四川才子刘师亮拜访厚黑教主李宗吾。李气焰逼人："骑青牛，过函谷关，老子姓李！"刘反唇相讥："斩赤蛇，定天下，高祖姓刘！"

1933年，王宠惠出席国际联盟大会。会上，日本代表用十分狂妄的口气问道："你是代表南京中央政府呢，还是东北满洲国政府？"王宠惠立即站起来，大声回答："我代表贵国所承认的那个中国政府。"

黄炎培迫于生计，重新修订了润笔单：中堂、立幅、对联、横幅、扇面以上五种皆米五斗；屏条每条米五斗；匾额每字米五斗。为此，黄作《五斗诗》记之："渊明不肯为五斗折腰去做官，我乃肯五斗折腰来作书。做官作书曾何殊？但问意义之有无……如我作书，言言皆己出。读我诗篇，喜怒哀乐情洋溢。读我文章，嬉笑怒骂可愈风疾。有时写格言，使人资警惕！我今定作一联一幅一扇米五斗，益人身与心，非徒糊我口。还有一言，诸君谅焉：我非高抬身价趋人前，无奈法币膨胀不值钱。"

胡宗南在一次演讲中论及如何才能打胜仗以及建设好官兵关系时，列出如下规定：甲，团长以下及四十岁以下官长，在卅七年度不许结婚，已结婚者另报。乙，连长不许有小厨房，必须吃大锅饭、大锅菜。丙，连长不许有家眷。丁，连长穿士兵衣服。戊，连长绝没有发洋财观念。

瞿秋白在《告别》一文中写道："这世界对于我仍然是非常美丽的。一切新的，斗争的，勇敢的都在前进！那么好的花朵，果子，那么清秀的山和水，那么雄伟的工厂和烟囱，月亮的光似乎也比从前更光明了。但是，永别了，美丽的世界！一生的精力已经用尽，剩下一个躯壳。""告别了，这世界的一切。最后……俄国高尔基的《四十年》《克里摩·萨摩京的生活》，屠格涅夫的《鲁定》，托尔斯泰的《安娜·卡里宁娜》，中国鲁迅的《阿Q正传》，茅盾的《动摇》，曹雪芹的《红楼梦》，都很可以再读一读。中国的豆腐也是很好吃的东西，世界第一。永别了！”

1936年6月14日，章太炎病逝。去世前仅留一句遗言：“若有异族入主中夏，世世子孙毋食其官禄。”

高燮将书斋取名“可读斋”，斋旁有一个贮粮室，故撰一副门联云：“世间惟有读书好，天下无如吃饭难。”

叶恭绰先生曾画竹、松各一幅，分别自题诗曰：“报国效之心似铁，论交终矢直如弦。”“不随高柳弄柔条，却伴霜松作后凋。”

张元济86岁时曾作《追忆戊戌变法杂咏》十八首，其中两首为：“东市朝衣胡太酷，覆巢余卵亦难完。只应沟壑供填委，土芥臣原一例看。”“满朝钩党任株连，有罪难逃心自安；分作累囚候明迫，敢虚晨夕误衙班。”

1942年10月13日，弘一法师圆寂。他在致夏丏尊、刘质平和性愿法师的遗书中都附录了两首偈句：“君子之交，其淡如水。执象而求，咫尺千里。”“问余何适，廓尔忘言。华枝春满，天心月圆。”

张奚若对他的学生说，攻读政治学，立志做一个社会改革者为上，退而求其次，则可做一名正派的政治学者。如果两者皆不可实现，那么宁可去当一名普通的平民百姓，也胜于当一个轻浮、趋炎附势、混迹官场的政客。

许地山认为做书虫要具备五个条件：身体健康，家道丰裕，事业清闲，志趣淡泊，智慧超群。

章太炎晚年时，对过去的一切已有新的领悟。他致友人书说：“少年气盛，立说好异前人，由今观之，多穿凿失本意，大抵十可得五耳。假我数年，或可无大过。”

齐白石说:“在所有的古今名贤面前,我永远是一条忠实的走狗。”

萧红说:“我一生最大的痛苦和不幸却是因为我是女人……”

陈寅恪自述:“寅恪平生为不古不今之学,思想囿于咸丰、同治之世,议论近乎湘乡、南皮之间(湘乡指曾国藩,南皮指张之洞)。”

胡适最爱写的对联是:“大胆的假设,小心的求证;认真的做事,严肃的做人。”

梁漱溟说:“我一生的是非曲直,当由后人评说。自己为人处世,平生力行的,就是:独立思考,表里如一。”

梁漱溟座右铭曰:“情贵淡,气贵和。惟淡惟和,乃得其养;苟得其养,无物不长。”

林语堂自诩为“一捆矛盾”。但在这番“矛盾”的自白中,却没有包括他的最矛盾的两句话:文章可幽默,做事须认真。

郁达夫在《创造日》创刊宣言中说:“我们想以纯粹的学理和严正的言论来批评文艺政治经济,我们想以惟真惟美的精神来创作文学和介绍文学。”

冰心对于某些人的批评,如是说:“人家说我是小姐,是闺秀,我是不承认的,其实有多少人比我小姐气得多了,自问我并没有怎样求生活舒服或是享用什么。人世的黑暗面并非没见到,只是避免去写它,像《冬儿姑娘》是个事实,而事实上比那还要‘厉害’,但我是没去写出来。”

巴金说:我似乎生来就带来了忧郁性,我的忧郁性几乎毁了我一生的幸福，但是追求光明的努力，我没有一刻停止过。

谢冰莹说：“我是个真实的人，一生没有说过假话。有问题就问，我是有问必答。”

胡适的“不朽”论：“我这个‘小我’不是独立存在的，是和无数‘小我’有直接或间接的交互关系的；是和社会的全体和世界的全体都有互为影响关系的，是和社会世界的过去和未来都有因果关系的。种种从前的因，种种现在无数‘小我’和无数他种势力所造成的因，都成了我这个‘小我’的一部分。我这个‘小我’加上了种种从前的因，又加上了种种现在的因，传递下去，又要造成无数将来的‘小我’……一代传一代，一点加一滴，一线相传，连绵不断，一水奔流，滔滔不绝——这便是一个‘大我’。‘小我’是会消灭的，‘大我’是永远不灭的。”

废名说：“最高兴我的文章是我自己，最不高兴我的文章也是我自己。”

丁文江很大胆地说：“中年以上的人，不久是要死的；来替代他们的青年，所受的教育，所处的境遇，都是同从前不同的。只要有几个人，有不折不回的决心，跋山蹈海的勇气，不但有知识而且有能力，不但有道德而且要做事业，风气一开，精神就要一变。”“只要有少数里面的少数，优秀里面的优秀，不肯束手待毙，天下事不怕没有办法的。……最可怕的是一种有知识有道德的人不肯向政治上去努力。”

1948 年 9 月 30 日，国民党政府杀害了上海电力公司工会常务理事王孝和。王孝和在给父母的遗言中说：“这不讲理的政府就要垮台了！到那时冤必得申，千万不要忘那杀人魔王，与他算账！”

潘光旦因伤失去一条腿，走路用双拐。某次，他在谈到孔子时说："对于孔夫子，我是五体投地的。"突然，他低头看了一眼后又连忙改口道："抱歉得很，我讲错了，应该是四体投地。"

沈从文《湘行散记》中记过他一个旧时朋友，他这个朋友说："不要小看我印瞎子，我不像你们那么无出息。我要做个伟人！说大话不算数，你们等着瞧吧。看相的王半仙夸奖我这条鼻子是一条龙……大爷，你瞧，你说老实话，像我这样一条鼻子，送过当铺去，不是也可以当个千儿八百吗？"这个好汉朋友，后来与沈从文重逢，大概在经历了一番时代所激起的狂热之后，做了个地方小官，"六年来除了举起烟枪对准火口，小楷字也不写一张了。"他对于鼻子的信仰已经失去。那时沈从文写道："我不看重鼻子，不相信命运，不承认目前形势，却尊重时间。我不大关心在生活上的得失，却了然时间对这个世界同我个人的严重意义。我愿意好好结结实实地来做一个人，可说不出将来我要做个什么样的人。"

梁漱溟在其最后一本著作《人心与人生》中写道："人心基本特征在其具有自觉。""在人生之自勉向上，好学，知耻，力行，不安于退堕。"梁认为古代东方学术"不务考究外物而反躬以体认乎自家生命，其道即在自觉心加强扩大，以至最后解脱于世俗生命""此盖文化之早熟者，正为世界未来文化之预备。其中如古道之学、古儒之学复兴正不在远。""世界未来是古中国文明之复兴。"

戏剧家陈大悲，子名乐天，人询取义所在，答曰："我悲了一世，难道下一代还不要快乐快乐！"

20 世纪 50 年代，胡适思想批判震动了学术界。梁宗岱说："我早就反对过胡适。"戴镏龄问他："现在大家批判的是胡适思想，而你所反对的是他这个人，岂非混二者为一谈？"宗岱辩解说："一个人和他的思想有时难以分割。"

赵紫辰取其早年诗词结集为《玻璃声》。他说：“名家之诗，固可掷地作金声，余之所作，不敢谓金声而玉振，考其音响，其或有玻璃之声乎？”

彭加木，本名彭加睦。1956 年，彭要求到新疆工作，在给组织的决心书中，彭加睦正式更名为彭家木。他说：“加木，合起来就是‘架’字……我要跳出小家庭到边疆去，为边疆添草加木。”

张学良在参观郑成功祠后，留下一首诗：“孽子孤臣一稚儒，填膺大义抗强胡。丰功岂在尊明朔，确保台湾入版图。”

1960 年，钟理和在修改中篇小说《雨》时咯血而死。他在遗言中写道：“吾死后，务将所存遗稿付之一炬，吾家后人不得再有从事文学者；《笠山农场》不见问世，死而有憾！”

1968 年 4 月，民主战士林昭女士被“四人帮”枪杀于上海。临刑前，她对同室难友说：“这个黑暗时代，最终总要被人民所消灭的。我生活在这荒唐的时代里，已经厌恶透了，死亡又何以足惜呢！”

何香凝晚年时说：“我老了。我能稍稍自慰的是，在民主革命阶段，我追随了孙中山先生；在社会主义阶段，我追随了毛主席。”

顾准的座右铭是：“宁可天下人负我，我不负天下人。”

李碧华说：“女人之所以费尽心思凶狠毒辣豁命舍身，很多时候只不过‘妒忌‘，无法与另一个女人分一杯羹分半张床。”

林语堂说：“许多女人喜欢模仿男人的行动举止，这正是女人受到束缚的象征。只有当她以生为女性为荣时，才真正伟大。”

1981 年 10 月，许世友将军曰：“当兵三年无孝子，自古忠孝难两全。我活着尽忠，忠于毛主席；死了尽孝，为母亲看坟。”

李可染的牛画有着长久的艺术魅力；而他以牛为师的精神更为可贵。他将画室命名为“师牛室”，并刻有“师牛”“师牛堂”“孺子牛”等印章自勉。他在画牛跋语中题词道：“牛也，力大无穷，俯首孺子而不逞强；吃草挤奶，终生劳瘁，农事而不居功；性情温驯，时亦强犟；稳步向前，足不踏空；皮毛骨角，无不有用；形容无华，气宇轩宏。吾崇其性，爱其形，故屡屡不厌写之。”

李敖说：“做弱者，多不得好活；做强者，多不得好死。”

海子说：“活在这珍贵的人间，人类和植物一样幸福，爱情和雨水一样幸福。”

席慕蓉说：“青春是一本太仓促的书。”

于右任的客厅里有一副对联：不思八九，常想一二。横批：如意。

巴金晚年的座右铭：“尽可能多说真话；尽可能少做违心的事。”

周国平说：“一个男人真正需要的只是自然和女人。其余一切，诸如功名之类，都是奢侈品。”

启功自撰墓志铭：中学生，副教授。博不精，专不透。名虽扬，实不够。高不成，低不就。瘫趋左，派曾右。面微圆，皮欠厚。妻已亡，并无后。丧犹新，病照旧。六十六，非不寿。八宝山，渐相凑。计平生，谥曰陋。身无名，一齐臭。

三毛说：“我这一生，丰富、鲜明、坎坷，也幸福，我很满意。”

戏谑第十七

龚自珍不善书法，因而不能入翰林。他于是命其女其媳其妾其宠婢等家中女眷学习馆阁书法。有客至，言及某翰林时，龚必愀然作色道："今日翰林，犹何足道！我家妇人，无一不可为翰林。"

辜鸿铭是个怪才。他也是个怪人，对女人小脚兴趣极浓，便是绝好一例。他与妻子淑姑感情甚笃，从结婚之日起，他就把她的三寸金莲视为珍宝。每当无聊时，辜就让她脱掉鞋子，把又臭又长的裹脚布一层一层地解开，低下头，贴近鼻子，如闻花香，感到无限舒坦；每当写作需要灵感时，他便将淑姑叫进书房，坐在旁边，让她把瘦如羊蹄的玉足放到他事先准备好的凳子上。辜则右手提笔，左手抚弄着妻子的脚丫子，时捏时掐，像玩佛手一样，自得其乐。据说，就在此时，他文思如潮，妙笔生辉。抚弄之外，他还津津乐道地加以评述："女人的小脚特别神秘美妙，讲究小、瘦、尖、弯、委、软、正七字诀。"他还说："前代缠足，实非虐政，我妻的小脚，乃我的兴奋剂也。"

钱玄同44岁时，见有于某和虞某共出的唱和诗《于虞吁喁集》，由是表示要推出一部《四四自思辞》。黎锦熙便问他到55岁又叫什么。钱说当作《五五吾悟集》，而66岁则称《六六碌碌集》，77岁则称《七七戚戚集》。

傅斯年主持的史语所特别重视对史料的发掘。为此，傅斯年曾主持购进清代所藏内阁大库档案，费资不少，但在整理的过程中，傅斯年却大失所望。一次他在北海静心斋对李济说："没有什么重要的发现。"李济却问："什么叫重要发现，难道说先生希望在这些档案内找出满人没有入关的证据吗？"傅听了大笑。

庚戌年秋，美国观光团游览杭州，由于是以观钱塘潮为目的，因此地方官事先召开会议商定招待办法。交涉使王某主张备马若干，让美国人骑马去江边。杨味春反对说："洋人擅骑术，他们自会乐意。但是无知国民，看见众多西洋男女乘马同行，必将蜂拥而至，而顽童抛砖丢瓦，更属常事。为免滋生事端，还是准备肩舆为妥。"中丞等诸多官员纷纷赞成，而王某仍坚持己见，喋喋不休。杨公正色道："君又想升官了吗？"昔日，王某因处理国民殴伤日本商人事飞升，官至交涉使。于是默然无话。

曾国藩最善滑稽，曾说："人当愁思之际，一闻谑语，开口便笑，百忧顿解。"一日和客人讨论时局，叹息说："不肖者接踵而起，此辈办事，颠倒是非，混淆黑白，当设一科曰'绝无良心科'，以安顿之。"客人大笑。曾国藩攻克金陵后，枢府疆吏、众亲友纷纷祝贺，无外乎歌功颂德的言辞。曾国藩将贺词汇编成册，题曰《米汤大全》。

左宗棠善做诙谐之语，总制陕甘时，将军恭镗慕名至兰州拜谒。左宗棠在署中款待恭镗。逗留半个月后，左宗棠为其饯行，酒酣时忽然狂笑不止，座客愕然。左公望着恭镗说："昔宪庙纯皇，戡定边界，其时诸将帅无一不是骆驼。"席间，左右侍立者十几人，左公指着他们说："此辈亦无一不是骆驼，一旦负重，则颠蹶不起。"又自指说："鄙人亦是骆驼，但比众骆驼稍胜一筹：鄙人力能负重，还不致竭蹶啊。"又指恭镗说："公亦承认是骆驼否？"恭镗大笑，其他宾客亦莞尔。

蒋光慈小说《短裤党》书名系瞿秋白取自法国大革命的Dans-culttes党派名称。但此词应翻为“长裤党”，盖Culttes乃法国贵族所穿之华丽短裤，平民只有普通长裤，贵族于是称当时的革命群众为“无华丽短裤可穿的人”。

老舍1938年在武昌写有三篇大鼓书词、四篇二黄戏剧和一篇小说《兄妹从军》，在交出版时，取书名为《三四一》。

李一氓在夏衍出狱写自传时，送以集宋词一联：从前心事都休（蒋竹山《高阳台·送翠英》），懒寻旧梦（谢逸仲《风流子》）；肯把壮怀销了（李纲《喜迁莺·塞上词》），做个闲人（苏轼《行香子》）。李在联中仅改了谢逸仲原句“懒寻前门”。夏衍遂取所改句，将所写回忆录取名《懒寻旧梦录》。

1939年，老舍曾在《时事新报》发表如下自传：舒舍予，字老舍，现年四十岁，面黄无须。生于北平。二岁失怙，可谓无父；志学之年，帝王不存，可谓无君。无父无君，特别孝爱老母，布尔乔亚之仁未能一扫空也。幼读三百篇，不求甚解。继学师范，遂奠教书匠之基，及壮，糊口四方，教书为业，甚难发财，每购奖券，以得末彩为荣，示甘于寒贱也。二十七岁发奋著书，科学哲学无所懂，故写小说，博大家一笑，没什么了不得。三十四岁结婚，今已有一男一女，均狡猾可喜。闲时喜养花，不得其法，每每有叶无花，亦不忍弃。书无所不读，全无所获，并不着急。教书作事，均甚认真，往往吃亏，亦不后悔。如此而已。再活四十年，也许能有点出息。

抗战时期，聂绀弩居于桂林。一日，与友人聚饮餐馆。端来白斩全鸡，食时，骨多于肉。聂公叫来堂倌，问道：“这是两只鸡吧？”堂倌回答：“是一只。”聂公正色道：“一只鸡，哪有这么多骨头？”

曾国藩与左宗棠久有龃龉，两人曾作嵌名联互嘲。曾出上联：“季子敢鸣高，与予意见大相左”；左对下联：“藩臣徒误国，问他经济有何曾。”

李鸿章出使美国，派某人先行抵达纽约进行布置。某人到达后，向最宏伟的旅馆预订房间，问价钱，答曰：“一等间每日八十元，折合华币三百六十元；二等减半；三四等递减。”某不敢拿主意，电文请示李鸿章，李鸿章看到电文，立即咋舌，斟酌再三，复电说，定二等一间自居，三、四等各五间，随员仆人居之。翌日清晨，李鸿章即乘汽车出发，笑着对左右说：“一日不去，则耗费不少啊。”

章太炎远在旅居东京之年，日本警察厅前来调查户口，交付表格要他填写。章如此填之，出身：私生子。职业：圣人。年龄：万寿无疆。

伍廷芳的口才极佳。出使美国时，有个美国贵妇人听了他的滑稽妙论，心花怒放，跑上前来与他握手，并说：“您太令我钦佩了。我决定把我的爱犬改名为‘伍廷芳’以示纪念。”伍廷芳笑着回答说：“很好，很好。那么，您以后可以天天抱着伍廷芳接吻了。”

黄远生在写袁世凯就任大总统的庆典的通讯里，一开头这样写道：“然此最可纪念之日，吾曹新闻记者乃有两重厄运：一庆祝大总统就职之庆祝员，须穿大礼服；是日（初十）晚间外交部茶会，又须穿晚礼服，保存国粹之吾曹，向以对襟马褂为大礼服者，至此乃不能不东西借凑成两套之礼服，其困难不下于大借款矣。”

演员刘艺舟在袁世凯筹备做皇帝时，曾被袁世凯逮捕，关押在北京。袁世凯死后，刘艺舟编了一出京戏《皇帝梦》。他自饰袁世凯，在台上唱道：“孤王酒醉新华宫，杨皙子生来好玲珑。宣统退位，孤的龙心动，哪怕他革命党的炸弹凶！孙中山革命成何用？黄克强本领也不中！天下的英雄虽然众，哪一个逃出孤的计牢笼！梁士诒理财真有用，虽然国民穷，孤的库不空！”

黄侃与胡适同在北大讲学。在一次宴会上，胡适偶尔谈及墨学，滔滔不绝。黄侃怒骂：“现在讲墨学的人，都是些混账王八！”胡适赧然。过了一会儿，黄侃又骂道：“便是适之的尊翁，也是混账王八。”胡适大怒。而黄侃却大笑道：“且息怒，我在试你。墨子兼爱，是无父也。你今有父，何足以谈论墨学？我不是骂你，不过聊试之耳！”举座哗然大笑。

胡适在北京得知妻子有身孕的消息后，禁不住自我揶揄地吟唱起来：“我实在不要儿子，儿子自己来了，‘无后主义’的招牌，于今挂不起来了……”

黎元洪入京时，章太炎改唐诗讥之：“徒令上将挥神腿，终见降主走火车……西望瑶池见太后（黎入京谒隆裕太后），南来晦气满民关。云移鹭尾开军帽，日绕猴头识圣颜。一卧瀛台经岁暮，几回请客劝西餐。”

“五四”时期，京剧名伶谭鑫培风靡北京，各大学多有好之者。某日北大课间休息，教师们闲话谭伶之《秦琼卖马》，胡适插话说：“京剧太落伍，用一根鞭子就算是马，用两把旗子就算是车，应该用真车真马才对……”在场者静听高论，无人作声，黄侃却立身而起说：“适之，适之，唱《武松打虎》怎么办？”听者大笑。

罗家伦常笑问傅斯年：“你这大胖子怎能和人打架？！”傅笑答：“我以体积乘速度，产生一种伟大的动量，可以压倒一切。”

有人向王大祯请教外交经验。王说：“一个好的外交家，必须具备五个条件，缺一不可。第一是脑舌并存，第二是情痴，第三是老寡妇，第四是老道僧人，第五是贪官污吏。”询问的人听后很是惊异。王又解释说：“第一是脑舌并存。中国从前的外交家，有脑无舌，诸多不便；现在的外交家，则多是有舌无脑，虽然满口洋话，流利无比，但常忘记自己是中国的外交官。如果能脑舌并存，就不会如此。第二是情痴。外交家对自己的祖国要永远热爱。即使国家待我不厚，甚至不为国家所体谅，也要一往情深。没有痴爱，不可为外交家。第三是老寡妇。老寡妇守业，是很吝啬的。外交家对国家领土主权，也要如此，决不可如公子少爷，摆架子，充大方，把祖上财产抛尽。第四是老道僧人。外交家应有老道僧人式的修养，一切利禄美女，不能动心，因为驻使国外，遇到此种机会很多，只有具备如此修养，才能不被人收买。第五是贪官污吏。外交家对于知识情报，必须像贪官污吏般贪得无厌，这样才能获得知己知彼的功效。”

黄侃反对胡适提倡白话文。二人同在北大任教时，黄每次见胡，总爱嘲讽、奚落一番，胡知黄的“疯”脾气，每每谦让。一次，黄问胡：“你口口声声要推广白话文，未必出于真心。”胡适不解其意。黄说：“如果你身体力行的话，名字就不应该叫胡适，应称‘往哪里去’才对。”胡啼笑不得，一时语塞。还有一次，黄侃在讲课中赞美文言文的高明，举例说：“如胡适的太太死了，他的家人电报必云：‘你的太太死了！赶快回来啊！’长达十一个字。而用文言则仅需‘丧妻速归’四字即可，电报费能省三分之二。”

谢觉哉随军北伐，听说军阀吴佩孚准备淡出江湖，不问国事，只管饮酒赏花。他仿唐朝诗人王昌龄《芙蓉楼送辛渐》作诗一首嘲之：“白日青天竟倒吴，炮声送客火车孤。洛阳亲友如相问，一片雄心在酒壶。”

在上海，郁达夫有一次与鲁迅谈到了欧阳予倩、田汉诸君想改良京剧，用以宣传救国的事，鲁迅很不以为然，并且很幽默地说：“以京剧来宣传救国，那就是‘我们救国啊啊啊啊’了。这行么？”

1923年，章太炎在江苏省教育会讲演国学，他说：“凡称之为诗，都要有韵，有韵方能传达情感；现在白话诗不用韵，即使也有美感，只应归入散文，不必算诗。日本和尚娶妻吃肉，我会说他们可称居士等等，何必称作和尚呢？”

一次，胡适的老同学王彦祖请法国汉学家戴弥微在他家中吃饭，陪客的有辜鸿铭、法国的某先生、徐墀和胡适。这一晚辜鸿铭先到了王家，两位法国客人也到了。胡适进来和辜鸿铭握手时，辜鸿铭对那两位外国客说：Here comes my learned enemy!（我的论敌来了！）大家不禁大笑。入座之后，戴弥微的左边是辜鸿铭，右边是徐墀。大家正在喝酒吃菜，忽然辜鸿铭用手在戴弥微的背上一拍，说：“先生，你可要小心！”戴弥微吓了一跳，问他为什么，他说：“因为你坐在辜疯子和徐癫子中间！”大家听了，哄堂大笑。

胡适讲演，引用孔子、孟子、孙中山语时，在黑板上写：“孔说”“孟说”“孙说”；发表自己的意见时，亦如此一般写上“胡说”。众皆捧腹。

胡适著《中国哲学史大纲》，仅成上半部，全书久未完成。黄侃在中央大学课堂上说：“昔日谢灵运为秘书监，今日胡适可谓著作监矣。”学生不解，问其故，黄侃道：“监者，太监也。太监者，下面没有了也。”

蒋梦麟和陈独秀常讲笑话。一次，蒋对陈说：“你是一个秀才，我也是一个秀才。秀才有两种：一种是考八股时进的秀才。八股废掉后，改考策论，称为策论秀才。策论秀才虽有几分洋气，但没有八股秀才值钱。”陈独秀于是问蒋：“唉！那你这个秀才是什么秀才？”蒋回答是策论秀才。陈便说：“那你这个秀才不值钱，我是考八股时进的八股秀才。”

钱钟书在清华念书时，见好友许振德在课堂上总是时不时地打量一个女生，于是提笔在本子上画了许多眼睛朝不同的方向观看的眼神图，题名“许眼变化图”。

钱玄同为表示对封建遗老的憎恶，曾说过“人到40岁就该死，不死也该枪毙”一类过激的话。1927年9月12日，钱玄同40岁生日时，胡适就据钱此言，集周作人等文人，欲在《语丝》上编一期“钱玄同先生成仁专号”。胡适等人虽煞有其事地写讣告、撰挽联、赋悼诗，闹得满城风雨，然专号终究未成。胡于心不甘，次年又作《亡友钱玄同先生成仁周年纪念歌》诗歌一首：该死的钱玄同，怎会至今未死！一生专杀古人，去年轮着自己。可惜刀子不快，又嫌投水可耻，这样那样迟疑，过了九月十二，可惜我不在场，不曾来监斩你。今年忽然来信，要做“成仁纪念”，这个倒也不难，请先读《封神传》。回家先挖一坑，好好睡在里面，用草盖在身上，脚前点灯一盏，草上再撒把米，瞒得阎王鬼判，瞒得四方学者，哀悼成仁大典。今年九月十二，到处念经拜忏，度你早早升天，免在地狱捣乱。

鲁迅对于辞去中山大学教职之后，在广州闲住半年那一件事情，解释得非常有趣。他说：“在这半年中，我譬如是一只雄鸡，在和对方呆斗。这呆斗的方式，并不是两边就咬起来，却是振冠击羽，保持着一段相当距离的对视。因为对方的假君子，背后是有政治力量的，你若一经示弱，对方就会用无论哪一种卑鄙的手段，来加你以压迫。因而有一次，大学里来请我讲演，伪君子正在庆幸机会到了，可以罗织成罪我的证据。但我却不忙不迫地讲了些魏晋人的风度之类，而对于时局和政治，一个字也不曾提起。”

一次，郁达夫在鲁迅那里闲坐，鲁迅接到了一个来催开会的通知，郁达夫问他忙什么，他说，忙倒不忙，但是同唱戏的一样，每天总得到处扮一扮，上讲台的时候，就是扮教授，到教育部去，也非得扮官不可。

罗家伦曾开玩笑地告诉同学们说：“有没有人想要立刻出名，若要出名，只要在辜先生上楼梯时，把他那条大辫子剪掉，那明天中外报纸一定都会竞相刊载。”

胡适在《我们走那条路》中说到中国有“五个鬼”，即贫穷、疾病、愚昧、贪污、扰乱，未提出当时在中国横行霸道的帝国主义这一“大鬼”。陶行知写诗指出：“明于考古，昧于知今，捉住五个小鬼，放走了一个大妖精。”

合肥人刘某，官居司令。其人患狐臭，每次近人，人都掩鼻。刘某于是购置香水淋洒四体，芳香馥郁之气自臂间溢出，熏人欲醉。于是朋友称呼其为“香水司令”。刘某闻言并不生气，反而笑言：“我能用香水使人入鼻而生羡慕之思。我虽有腋患，但也已被香水除去。而今，腋下仍不离香，其效果可见一斑。”

于（右任）先生“草圣”美誉的由来，主要是他感到方块字太难写，为了节省写字人的时间，乃融合百家草书，创立标准草书，世称“于草”。老人对草书有一妙喻，他说：楷书如行步，行书如乘轮船、坐火车，草书就如乘飞机。

冯玉祥不吸烟，亦最恶部下吸烟，军令极严，无人敢犯。但高级军官中不乏偷吸者。有一次，冯玉祥突然跑到秘书长魏书香室内，忽觉烟味阵阵，扑鼻而来，即朗声如八股先生读文章般念道：“你的屋子，又熏又臭，又臭又熏，既熏且臭，既臭且熏，熏而又臭，臭而又熏，熏熏臭臭，臭臭熏熏，亦熏亦臭，亦臭亦熏。”言毕，掉头不顾而去。

1933年4月3日，南京审计学院事务主任白育五和产科医生王典贻女士结婚。一时间，中央饭店车马盈门。人们纷纷向新人道贺，其中王陆一作的贺诗，别开生面，诗云：盛典贻君育五男，复兴民族庆初三。牛羊曾计炙人口，伉俪同工打算盘。照得夫人学产科，案查俗号老婆娘；等因奉此如花眷，养子何尝在案多！曾有人猿号泰山，良朋争说识天颜，括苍电气灵毛发，洗伐何人得意远。

物理学家吴健雄与袁家骝结婚时，由美国著名物理学家罗伯特·密立根主婚。罗伯特在祝词中说：“希望你们在今后的岁月中，实验第一，生活第二。”

丁文江酷爱戴帽子，一次四处买帽子不得，竟然急得坐卧不安。其好友胡适见状，作打油诗一首：“买到东来买到西，偏偏大小不相宜。先生只好回家去，晒坏当头一块皮。”

曹礼吾为人淡泊潇洒，行事极似《世说新语》中人。一次，他与好友曹聚仁一起乘火车去南京。刚上车，忽然月台上人声喧哗，不知出了什么事，旅客纷纷下车去看热闹，曹聚仁也下去了。事后曹聚仁回到车上，见曹礼吾安然坐于原位。曹聚仁笑道：“礼吾！在这样闹哄哄的情况下，能够淡然无动于衷的人只有两种人：圣人和患有精神病的。你是圣人！”刚巧另外有一个人也没下车，曹聚仁向旁人一打听，那人果然是个精神病患者。

叶公超一次提到服饰时说：“西装袖子的纽扣，现在用来做装饰，其起源乃防止大家大吃大喝之后，用袖子揩嘴巴。”

李叔同给学生们上弹琴课，正在范奏的时候，某同学放了一个屁，无声却极臭。李先生及十数同学全部沉浸在亚莫尼亚气体中。同学大都掩鼻或发出厌恶声。李先生皱着眉头，自管弹琴。一曲终了，亚莫尼亚气也散尽，李先生的眉头始趋舒展。下课铃响，李先生立起来一鞠躬，表示散课。未等同学出门，李先生又郑重地宣告：“大家等一等，还有一句话。”同学肃立。李先生用很轻而严肃的声音说：“以后放屁，到门外去，不要放在室内。”接着又一鞠躬，表示散课。同学都忍着笑，出门后快跑至远处，大笑不止。

冯武越、李应超在张学良麾下共事。冯武越驼背，颈部下垂，身躯瘦小精干，和干枯的虾米非常相似。李应超又矮又肥，手又长又大，双脚粗短，却很喜欢跳跃，其作丑态时和蛤蟆酷似。于是大家戏称武越为蛤蟆，以虾米称呼应超。二人从不怒，并微笑受之，以示此尊号非他人能僭窃。

钟敬文和学生一起吃饭，学生问他："老师您喜欢吃些什么？"钟敬文风趣地说："我是无齿之徒，欺软怕硬。"

张奚若讲话时总喜欢说，"我要讲三点"云云。金岳霖戏称其为"三点之教"者。

谢六逸上课时，见学生有张口瞪目状，他不悦地说："英雄的口多数是闭着的，你们谁见过张着口的拿破仑照片吗？未曾见过吧，因为他是个英雄啊！"

胡适在出任驻美大使前，金岳霖曾对其说："你不能事人，焉能事鬼。"

林徽因在1940年11月写给费正清夫妇的信中写道："可怜的老金（金岳霖）每天早晨在城里有课，常常要早上五点半从这个村子出发，而没来得及上课，空袭又开始了，然后就得跟着一群人奔向另一个方向的另一座城门、另一座小山，直到下午五点半，再绕许多路走回这个村子，一整天没吃、没喝、没工作、没休息，什么都没有！这就是生活。"

陈梦家在西南联大任教时，听见学生们在议论孔丘弟子七十二贤人中有几个结了婚，便说："冠者五六人，五六得三十，三十个贤人结了婚；童子六七人，六七四十二，四十二个没结婚；三十加四十二，正好七十二个贤人。"

有人问叶公超什么样的人才可当外交官时，叶回答说："只要大学毕业，五官端正，不患羊癫疯的都可以当。"

郭沫若在重庆的一次聚会上认识了廖冰兄。廖告诉郭，因为其妹叫廖冰，所以他叫廖冰兄。郭做出恍然大悟的样子说："哦，我知道了，原来邵力子的父亲叫邵力，郁达夫的妻子是郁达！"

1947年2月20日至23日，解放军发起莱芜战役，仅三日，即歼敌五万六千人。战后，王耀武抱怨："五万多人，三天就被消灭光，就是放五万头猪，叫共军抓，三天也抓不完。"

傅斯年偕秘书那廉君飞抵台湾，恰逢岛上轻微地震。傅后来说："我真不愧是一个要人，一到台湾，便有地下礼炮向我致敬。"

老舍幽默，曾讲过一个"大包子"的笑话："有人做了一个很大的包子放在地上，大家趴在地上吃。吃了很久也吃不到馅儿。忽然有人在包子里发现一座石碑，上面刻着'离馅儿还有四十里'。"老舍还讲过一个饺子的笑话："一个妇人买了一斤面，一斤白菜，一斤肉，一斤盐，做了三个一尺多长的饺子。她把两个大饺子从厨房拿出来给她丈夫和客人，一人一个大饺子。她丈夫一看就说：'天哪！'妇人说：'不能添，一人只有一个。'她丈夫一生气，就指着她说：'你呀！'妇人说：'你不用管我，我厨房里还有一个。'"

张大千说到关于溥心畬的一些有趣的故事，例如：溥心畬是旗人，旗人的男子也扑粉的，和女人一样。心畬执教南京中大艺术系，三点钟连堂的课，只教了一点钟。这是什么道理呢？原来这位大画家积习难除，当堂洗脸敷粉，头一点钟，面盆放在讲堂上，他慢吞吞地盥洗敷粉，敷完了，点点头，下课。学生上了一小时的课，看了两小时的化妆术，落得两便。

冯友兰曾说过："历史上的斗争是靠实力进行的。没有实力，专靠理论是不行的。……有个笑话说：关帝庙、财神庙的香火很旺盛，有很多人去烧香。孔子有点牢骚。有个聪明人问孔子，你有关公的大刀吗？孔子说没有。又问，你有财神爷的钱吗？孔子说，也没有。那个人就说，你既没有关公的大刀，又没有财神爷的钱，那当然没有人理你，你何必发牢骚呢？”

黄永玉的画不中不西，自成一派。有好多人说看不懂他的画，他就举了一个例子。有人去问毕加索：“你的画我怎么看不懂呀？”毕加索反问：“你听过鸟叫吗？”“听过。”“好听吗？”“好听。”“你懂吗？”……

林语堂在巴西的一个集会上演讲时说道：“世界大同的理想生活，就是住在英国的乡村，屋子里安装有美国的水电煤气管子，有个中国厨子，有个日本太太……”

梁实秋论女人：“假如女人所杜撰的故事都能抽取版税，那很容易致富。”

金岳霖极富幽默。一次，金出门访友，到人家门口按了铃，这家的女工出来开门，问他“贵姓”。金忽然忘了自己“贵姓”了，忙说“请你等一会儿，我去问我的司机同志我‘贵姓’”。那位女工张着嘴半天说不出话来！

林语堂在美国哥伦比亚大学讲授“中国文化”课程。他在课堂上对美国青年学生大谈中国文化的好处，好像无论是衣食住行还是人生哲学都是中国的好。一位女学生见林语堂滔滔不绝地赞美中国，实在忍不住了，举手发言，问：“林博士，您好像是说，什么东西都是你们中国的最好，难道我们美国没有一样东西比得上中国吗？”林语堂略一沉吟，笑着说：“有的，你们美国的抽水马桶要比中国的好。”

陶行知曾有如此妙喻：行动是老子，思想是儿子，创造是孙子。想要有孙子，非先有老子、儿子不可。

有一天，老舍去看牙医，看完回来，说："牙医的家伙（工具）真多，长的短的，大的小的，钩子，刀子，钳子，镊子，都用上了，就是还没用起重机。"

熊希龄在66岁时与33岁的毛彦文结婚。毛的一位女同学赠联曰："旧同学成新伯母，老年伯作大姐夫。"

侯宝林问华罗庚："在什么情况下2加3等于4？"华罗庚被难住了。侯宝林自己回答说："是在数学家喝醉了酒的时候。"

十年动乱期间，沙叶新戏谑自己："沙叶新，曾化名少十斤。少十斤为沙叶新的右半，可见此人不左；砍去一半，也不过十斤，又足见他无足轻重，一共只有二十斤。"

林语堂说："文人不敢骂武人，所以自相骂以出气，这与向来妓女骂妓女，因为不敢骂嫖客一样道理。"

一次文协开理事会，在报告经费困难情形时，老舍忧悒地说："本来我们存在银行里有一万块钱，那是五年前存下来的，后来物价狂涨，钱没有了。如果三年前将这五万块钱买阿司匹林，我们早就发财了。"于是大家哄笑，但随即沉默下来。

李石曾长期吃素。某次，他与吴稚晖一同去上海。名医丁福保请二人吃素席。席间，丁、李二人大谈素食的好处："既卫生，又有益于身体健康。"谈得非常起劲。吴稚晖平日生活简朴，出门行无车，在家食无鱼。此次随李石曾一起，原想大快朵颐，谁知席上只有蔬菜和豆腐，无鱼无肉，吃得不来劲。丁福保问："吴老先生对素食有何看法？"吴稚晖笑了笑，说道："我嘛，上头是喜荤的，下头却吃素；石曾先生上头吃素，下头却是吃荤的。"李石曾是个老头子，却刚刚娶了一位年轻貌美的夫人。吴稚晖一言惊人，竟将李石曾臊了个大红脸。

侯宝林在弥留之际，方成到病房看望他。侯宝林看到方成的牙齿不好，便对身旁大夫说：“你给他看看吧，镶好一点，这么大个名人，他有钱，不能让他成为‘无齿之徒’！”

1981 年，陈省身担任美国国家数学研究所首任所长。当有人问他，为什么能在激烈的竞争中胜出时，他打了一个非常谦逊的比方。比方说，一家公司的总经理职位空缺，要在董事中选一位继任。由于每位董事都希望当上总经理，但投票又不允许投给自己，于是他们不约而同地把票投给了一位最不可能当选的人，以保证自己的票数。结果，最不可能当选的人成了总经理。

丁肇中一次回故乡山东省日照市，在海滩与几位担任安全保卫任务的警察合影时说：“我的表情不能太严肃，我要是严肃，就会有人认为我是被他们抓住的。”众人闻之大笑不止。

吴大猷在游览某处名胜古迹时，发现到处都有游人用笔用刀写下“某某到此一游”，愤而写了一首“歪诗”。诗云：“如此放大屁，为何墙不倒？这面也有屁，把墙顶住了。”

林散之晚年饱受哮喘之苦。住院时，他给前来探望的朋友写了张便条：“下次你来，带上刀，你要手辣。”

黄苗子与友人讨论死后的骨灰处理方法。有人主张约几位亲友，由一位长者主持，肃立在抽水马桶旁边，默哀毕，就把骨灰倒进马桶，长者扳动水箱把手，礼毕而散。有人主张和在面粉里包饺子，约亲友共同进餐，餐毕才宣布饺子里有他的骨灰。黄认为，第一种方法，骨灰是优质肥料，马桶里冲掉太可惜；第二种方法好是好，但世俗人会觉得“恶心“，怕有人吃后不觉要吐。故在遗嘱中吩咐他的儿子，把他的骨灰拿到儿子插过队的农村里，拌到猪食里喂猪，猪吃肥壮了喂人，往后循环，使它仍然为人民做点有益的贡献。

李敖常说，正人君子之所以屡屡输给奸佞小人，是因为太清高，不屑于用低下手段。在一次电视访谈中，主持人蔡康永问刚动完前列腺手术，还戴着尿不湿的李敖：“现在的年轻人，都不读你的书，只是在电视上认识你，你怎么办？”“所以我拼命地上电视。”坐在轮椅上的李敖飞快地回答。

由于求字者太多，难以招架，启功多次在房门口贴出“大熊猫死了”“大熊猫真的病了”等告示。有人对他说：“您把自己比成熊猫，那也是国宝啊！”启功回答说：“什么国宝，还不是现在写字的人太少，物以稀为贵。如果熊猫像猪一样多，人们还不是寝其皮，食其肉嘛！”

启功问来新夏的年龄。来新夏说：“73 岁。”启功说：“我比你大 11 岁。你 73，我 84，一个孔子一个孟子。咱们俩这么一挤，不就挤过坎，又能活下去了吗？”

沙叶新对某药厂推出痔疮新药的广告词“痔者必得”有一妙论。他说夜间做梦，梦见自己去该厂购药，门前都是“痔同道合、踌躇满痔”者。该厂厂长讲话说：“同痔们，你们好！我代表‘痔者必得’全体职工欢迎大家。痔疮是常见病，多发病，不但老年人老骥伏枥，痔在千里；青壮年也壮痔凌云，就是小孩也有痔疮，有痔不在年高嘛！如今是十男九痔，十女九痔，无所不痔，无微不痔，不久就要全民全有痔！所以我厂全体同痔，斗痔昂扬，专心致痔，终于有痔者事竟成，研痔成功了‘痔者必得’特效药，欢迎诸位试用。”

刘绍棠出席中外记者招待会，一位外国记者问他：“刘先生，据我所知，贵国在改革开放中，引进了不少资本主义的科学技术和管理方法。这么一来，贵国不也要变成资本主义吗？”刘答道：“亲爱的先生，按照你的逻辑，你们喝了牛奶，不是也要变成牛了吗？”

自觉第十八

曾国藩自论一生功业出自“坚忍”二字。他曾自述：“李申夫尝谓余怄气从不说出，一味忍耐，徐图自强，因引谚曰：‘好汉打脱牙，和血吞。’此二语是余咬牙立志之诀。余庚戌辛亥间为京师权贵所唾骂，癸丑甲寅为长沙所唾骂，乙卯丙辰为江西所唾骂，以及岳州之败、靖港之败、湖口之败，盖打脱牙之时多矣，无一次不和血吞之。”

1912 年，孙中山到太原访问，住东揖虎营傅公祠。阎锡山由省政府乘汽车经新道街去拜会，汽车一入街口，便有乱石从小巷内投出，汽车两旁的护兵拔出盒子枪正要射击，阎锡山制止了他们，并命将汽车退出，改走柳巷。事后阎锡山对人说：“石块击车，是有人有计划地闹事，闹给中山先生看，别说打死了人，只要一开枪，咱就上当啦。”

梁任公不惜今日之我与昨日之我挑战；漱溟先生是今日之我常新，过去了就让他过去了。有人批评漱溟先生的哲学前后不对嘴，其实这正是他的可爱处。他常常说起以前的哪里不对，哪点理论不通，幼稚；他一样地说他自己前后不对嘴，他说：“前后一致那是永远的错误！”

孙中山与宋庆龄相爱后，打算结婚。然而孙中山已有妻室，他反对纳妾,于是写信回家向夫人申明离婚的理由。其妻卢氏看信后，回了一个“可”字，同意离婚。卢氏对人说：“（对于孙先生）我确实帮不了手，我常识不够，更不懂英文。我又裹脚，走路也不方便，我怎么可以帮助孙先生呢？”

刘半农早先是“鸳鸯蝴蝶派”，没有学历，在北大为美国博士胡适所鄙视，遂弃教授之职到欧洲苦苦当了五年多留学生，考得了法国博士学位后，才回国继续当他的教授。

鲁迅对许广平说：“我自己知道是不行的：我看事情太仔细，一仔细，即多疑虑，不易勇往直前；我又最不愿使别人做牺牲，也就不能有大局面。”还说：“醒的时候要免去若干苦痛，中国的老法子是‘骄傲’与‘玩世不恭’，我觉得自己就有这毛病，不大好。”

冯玉祥说：“我在当小孩的时候一点儿也不知道上进，就只知吃喝，现在感到非常的后悔。幸而得到三位先生（指老舍、何容、老向）的教导。希望你们不要嫌我这个愚钝的学生，多多费心指点才好！”

周作人曾自称头脑像一间“杂货铺”：“托尔斯泰的无我爱与尼采的超人，共产主义与善种学，耶佛孔老的教训与科学的例证，我都一样地喜欢尊重，却又不能调和统一起来，造成一条可以行的大路。我只将各种思想，凌乱地堆在头里。”

刘半农曾说：“我是怎样一个人，在文章里就还他怎样一个人……看我的文章，也就同我对面谈天一样，我谈天时喜欢信口直说，全无隐饰，我文章中也是如此；我谈天时喜欢开玩笑，我文章中也是如此。你说这些都是我的好处罢，那就是好处；你说是坏处罢，那就是坏处；反正我只是这样的一个我。”

胡适早年在上海曾有过一段浪荡无羁的生活史。在一个雨丝纷纷的傍晚，胡适大醉后在回家的路上与警察争斗起来，当晚被抓进监狱蹲了一夜。第二天，对着镜子打量着自己青肿的脸时，胡适想起了李白的名句“天生我才必有用”。在朋友的帮助下，胡适关起门来发愤读书，终于考取了当年庚子赔款奖学金赴美留学。

傅斯年说：“孟邻（蒋梦麟）先生学问比不上孑民（蔡元培）先生，办事却比蔡先生高明。而自己学问比不上胡适，办事却比胡适高明。”蒋梦麟听后笑言：“这话对极了。所以他们两位是北大的功臣，我们两个人不过是北大的‘功狗’。”

1924年的一天清晨，鲁迅还未起床，就有位自称姓杨的陌生青年闯进门来，硬要鲁迅给他钞票用，并说，先生教书和写文章赚了许多钱，说完，又跳又唱，像个精神病患者。鲁迅怀疑他是要“无赖”或是受人指使来“恫吓”自己的。于是很快写了一篇题为《记“杨树达”君的袭来》的文章，在《语丝》周刊第二期上发表。文章发表后，鲁迅接到自己的学生、杨的好友李遇安的来信，说杨确是个精神病患者，那天正是他发病时，望先生不要误会。读了信，鲁迅为自己“太易于猜疑，太易于愤怒”而心感难过，他沉痛地说：“由我造出来的酸酒，当然应该由我自己来喝干。”于是，鲁迅马上写了《关于杨君袭来事件的辩证》一文，并亲自送到《语丝》周刊，要求在第三期上刊出，做公开的自我批评。

1926年，冯玉祥在五原誓师所发表的宣言中，对于北京政变一役做了回顾，他说：“因为我对革命只有笼统的观念，没有明确的主张；革命的意义，革命的方法，在从前我都没有考虑，所以只有一二点改革式的革命，而没有彻底的做法，我也赤裸裸地说出来，好让国人知道我做的忽而是革命，忽而又不像革命，其原故到底是怎么回事。就革命的观点来说过去，若说是中国革命者，是一个中山主义者，我都不配，至于马克思主义、列宁主义与世界革命的话，更是说不上了。不意当时有人说我赤化了，现在看起来真是惭愧。”

有人想学画马，欲拜徐悲鸿为师。徐婉谢之：“画马必须以马为师，若以画马之我为师，落下乘矣。”

刘半农作《教我如何不想她》，经赵元任制谱，传唱甚广。十年后，刘与观众见面。一女青年说："原来是这样一个老头儿。"闻此言，刘半农回去又写了一首诗："教我如何不想他，可能相共吃杯茶？原来这样一老朽，教我如何再想他？"

梁实秋对麻将是喜观之而不喜玩。他解释说："我不打麻将，并不妄以为自己志行高洁。我脑筋迟钝，跟不上别人反应的速度，影响到麻将的节奏。而一赶快就出差池。我缺乏机智，自己的一副牌都常照顾不过来，遑论揣度别人底细？既不知己也不知彼，如何可以应付大局？打牌本是娱乐，结果往往反寻烦恼，又受气又受窘，所以干脆只看的好。"

抗战胜利后，蒋介石要奖励一批教授，舒芜先生将此事告诉了台静农，并说他可能获奖。台惊慌莫名："这怎么办呢，教一辈子书，得他这么一奖，叫我怎么见人呢？"

张伯苓自述："我没有特殊的才干，我也没有学到什么特别方面的高深技能。我一生努力所得的一点成就，完全由于一件简单的事实，就是我对于教育具有信心和兴趣。"

叶公超回忆胡适：丁在君先生死了，他很难过。我去看他，他呆坐在那里。我问他："究竟怎样死的？"他马上拿当时所获得的几种消息来分析，好像做一篇考证一样，客观地研究了半天。最后，他很冷静幽默地说："在君一定会说，你又在做考据了。"说完，不觉竟微笑了起来。

叶圣陶说："我做过将近十年的小学教员，对于小学教育界的情形知道得清楚点。""满意的事情实在太少了，于是自然而然走到用文字讽它一下的路上去。"

夏丏尊说："自恨自己怯弱，没有直视苦难的能力，却又具有着对于苦难的敏感。”

1949年10月1日开国大典，国民党原计划派空军进行大规模轰炸，当天要执行任务时，蒋介石却迟迟没有下达命令，空军总司令周至柔几次电话请示，蒋都说“再等等”。眼看时间越来越紧迫，周向蒋表示，“再不起飞，我们就不能按时到达”，蒋最后的回答是“取消任务”，其理由是“我不能做项羽、英法联军”，他担心轰炸会把故宫、天安门等古迹毁灭，成为民族罪人。

郭沫若曾这样说《女神》的创作：“五四运动发动的那一年，个人的郁积，民族的郁积，在这里找出了喷火口，也找出了喷火的方式，我在那时差不多是狂了。”

叶圣陶常说：“一个人应该有所为有所不为。”他在《答复朋友们》里说：“一个人当深入生活的底里，懂得好恶，辨得是非，坚持着有所为有所不为，实践着如何尽职，不然就是白活一场。对于这一层，我现在似乎认得更明白，愿意在往后的小半截路上，加紧补习。”

如果从沈从文优美的文字猜测，他大概从小就是个“书香子弟”，是泡在书里长大的，但事实并非如此。沈自己的回答是：“我是个乡下人。”

1963年11月16日，郭沫若在写给陈明远的信中说：“来信提出的问题很重要。我跟你有同感。大跃进运动中处处‘放卫星’‘发喜报’搞‘献礼’，一哄而起，又一哄而散；浮夸虚假的歪风邪气泛滥成灾……‘上有好之，下必甚焉’。不仅可笑，而且可厌！假话、套话、空话，是新文艺的大敌，也是新社会的大敌。你的文章，是否先放在我处保存起来，不要急于发表。凡事要先冷静地看一看再说。有时候，出发点是好的，但是可能招来不必要的麻烦。”

郭沫若对陈明远说：“做人有两种，一种叫逢场作戏，那样，很快就能成功。另一种，叫自然流露。很容易倒霉，甚至毁掉。我的诗，最早之所以写得好，是因为自然流露。”

台静农既好烟又嗜酒，且素不食水果蔬菜，一反卫生之道，却也长寿。他曾自撰一联：“不养生而寿，处浊世亦仙。”

溥仪在写给妻子的临终遗言中说道：“我这一世，当过皇帝也当过公民，归宿还好，现在总算走到了尽头……有所悬念的是，第一条对不起党。改造我这样的人是不容易的，把一个地道的封建统治者变成了一个地道的公民，这是哪个国家也很难做到的，中国共产党办到了，但是，我没给党做什么工作。第二条对不起你。我们结婚五年多，又把你一个人扔下了，我年岁大，又没有钱，从各方面来说都很对不起你……”

朱光潜说：“我这人一生值得批判的地方太多，学术上的观点也常引起争论和批评，有些批评确实给了我帮助。一个人的缺点是客观存在，自已不说，生前别人客气，死后还是要被人说的。”

1981年4月29日凌晨1时，北外学生冯大兴潜入新华书店盗窃，被值班工人发现，冯用手边铁器打倒工人。老工人本就有病，送医院不治身亡。法庭上，冯痛苦忏悔：“我虽非故意杀人，但整个行动有计划有预谋。不管故意还是过失，无端剥夺了他人生命，结果都一样。”

夏承焘说：我是个天资很低的人，从事教育、文化工作六十余年间，如果说在学词方面还取得了某些成绩的话，那就是依靠一个“笨”字。我曾经告诉一位朋友：“笨”字从“本”，笨就是我治学的本钱。

王世襄在其肖像上自题诗云：“鄙貌不扬很难画，使我满意少办法。不怨画师艺不高，只怨天生不潇洒。”

感伤第十九

1841年2月24日，英军司令伯麦向关天培发出最后通牒，要求关天培放弃虎门各炮台。关天培不予理睬。25日，英军占领未加设防的下横档岛，安设炮兵阵地。26日，英军向虎门横档一线清军发动猛攻。关天培在靖远炮台指挥清军作战，顽强抵抗达一个半小时，手下兵士伤亡惨重，他也身负重伤。在战斗最危急时，他命仆人孙长庆将印信送回省城。孙长庆徘徊不忍去，关天培拔刀逐之，并说："吾上不能报天恩，下不能养老母，死有余恨。汝归告妻子，但能孝事吾亲，吾目才瞑。"孙长庆抱印离去，至半山，回首见敌炮已击中关天培。当日，虎门横档一线各炮台失守。

20世纪初，刘鹗作《老残游记》，其序云："吾人生今之时，有身世之感情，有家国之感情，有社会之感情，有宗教之感情。起感情愈深者，其哭泣愈痛；此洪都百炼生所以有《老残游记》也。"

蔡锷死时年仅35岁。死前，他感叹地对蒋百里说："我们建设国防尚未着手，现代战争已由平面转为立体，我不死于对外作战，死有遗憾。"

1903年8月13日，中国驻美公使馆陆军武官谭锦镛从华盛顿到旧金山处理外交事务。谭办完公务后，路遇一美国警察无端挑衅和侮辱，后又遭一帮美国警察关进监狱肆意毒打。后谭经当地华侨商人赎出。谭锦镛平白遭此凌辱，郁愤难咽，终投水自尽，以一死示天下。

1907年7月15日凌晨，秋瑾被押至绍兴轩亭口刑场。四周一片漆黑，细雨霏霏，冷风阵阵。监斩官李瑞年令秋瑾在供状上画押。秋瑾挥笔写下"秋风秋雨愁煞人"七个大字，书毕引颈受刑，慷慨就义。

林觉民就义前夕，给妻子留下最后一封家书："吾至爱汝，即此爱汝一念，使吾勇于就死也。吾自遇汝以来，常愿天下有情人都成眷属；然遍地腥云，满街狼犬，称心快意，几家能够？司马青衫，吾不能学太上之忘情也。语云：仁者'老吾老以及人之老，幼吾幼以及人之幼'。吾以吾爱汝之心，助天下人爱其所爱，所以敢先汝而死，不顾汝也。汝体吾此心，于啼泣之余，亦以天下人为念，当亦乐牺牲吾身与汝身之福利，为天下人谋永福也。汝其勿悲。"

民国成立后，老同盟会健将梁乔山对吴芳吉不无感慨地说道："同盟会中，真正革命的人，现在都是穷的。可是这话说来长了，也不必向人说。"

1919年，36岁的刘师培因肺病不治而早逝。黄侃以弟子之名亲撰《先师刘君小祥会奠文》以志哀忱，文曰："我滞幽都，数得相见，敬佩至深，改从北面……夙好文字，经术诚疏，自值夫子，始辨津涂。"

陶行知来到新爱伦影戏院门口的一个面摊上，花14个铜板吃了一碗阳春面。陶见摊主老沈脸色黄瘦，问之，方知其为了养家活口，一天只睡三个小时。回到寓所后，陶行知特为卖面之老沈作诗一首。最后几句是，"将他从头望到底，一株枯树立秋风。面儿代价我知了，不是紫铜是血红！”

瞿秋白的母亲金衡玉因穷困无法度日，服毒自尽。瞿悲痛难抑，作《哭母》七绝：“亲到贫时不算亲，蓝衫添得泪痕新。此时饥寒无人管，落得灵前爱子身。”

1925年3月11日晚，孙中山陷入深度昏迷之中，仍在喃喃自语：“和平……奋斗……救中国……”3月12日上午9时30分，孙中山的心脏停止了跳动。

陈布雷于1926年3月12日为上海《商报》撰写了《中山逝世之周年祭》，尝谓：“岁月迁流，忽忽一星终矣。国辱民忧，世衰道歇，山河崩决，莫喻其危……虽然，吾人之纪念逝者，其所奉献之礼物，岂仅鲜花酒醴、文字涕泪而已乎。”

1927年6月2日，王国维在颐和园投湖自尽。他在衣袋中留下一纸遗书：“五十之年，只欠一死；经此世变，义无再辱。我死后当草草棺敛，即行槁亓于清华茔地。汝等不能南归，亦可暂于城内居住，汝兄亦不必奔丧，因道路不通，渠又不曾出门故也。书籍可托陈、吴二先生处理，家人自有人料理，必不至不能南归。我虽无财产分文遗汝等，然苟谨慎勤俭，亦不必致饿死也。”

梁启超在致女儿书中，谈到王国维自杀动机时说：“他平日对于时局的悲观，本极深刻。最近的刺激，则由两湖学者叶德辉、王葆心之被枪毙。”“静公深痛之，故效屈子沉渊，一瞑不复视。”“若再延寿十年，为中国学界发明，当不可限量。今竟为恶社会所杀，海内外识与不识莫不痛悼。”

1931年11月19日，徐志摩从南京乘飞机去北平，途中飞机失事，徐志摩罹难。在万国殡仪馆举行的亓礼上，其妻陆小曼挽曰：“多少前尘惊噩梦，五载哀欢，匆匆永诀，天道复奚论，欲死未能因母老；万千别恨向谁言，一身愁病，渺渺离魂，人间应不久，遗文编就答君心。”哀痛之余，她还在《新月》月刊上发表了《哭摩》一文。两年后的清明时节，陆小曼去海宁硖石为志摩扫墓，又感赋七绝一首云：肠断人琴感未消，此心久已寄云峤。年来更识荒寒味，写到湖山总寂寥。

1935 年 3 月 8 日，著名影星阮玲玉服食安眠药自杀，时年 26 岁。上海《申报》报道说：久负盛名之中国电影明星阮玲玉，最近被其前夫张达民所控告，刺激甚深，乃于昨晨三时许，突发厌世之心。在私宅中暗服安神药三瓶自杀。嗣经乃夫唐季珊发觉，立即送四川路福民医院救治，经过六七个小时，但不见进步。至上午九时许，复请老靶子路中国疗养院陈达明、陈继尧两医师设法救治，同时又送往蒲石路中西疗养院，会同该院医生急诊数次，当时虽有数度稍见清醒，终以中毒过深，于下午六时半殒命……芳型千载，玉杳香消，徒使后人于银幕前一观音容遗像，亦足悲矣。

阮玲玉在遗书中写道：“我现在一死，人们一定以为我是畏罪……唉！哪有法子想呢，想想又想，惟有以一死了之吧！唉！我一死何足惜，不过还是怕人言可畏，人言可畏罢了。”

章太炎生平孤傲，对黄侃却颇多嘉许，他劝黄侃著书。黄却谓须待 50 岁后再从事纸笔。1935 年，黄侃 50 岁生日，章太炎亲赠他一副对联：“韦编三绝今知命，黄绢初成好著书。”对联内无意中藏了“绝命书”三字，黄侃愕然。当年 10 月 8 日，黄侃因饮酒过量，吐血而死。章太炎因联句竟成谶语，悔痛不已。

丁文江 1936 年到湖南做调查研究，恰时值寒冬，室内燃木炭取暖，门窗紧闭，不幸煤气中毒而去世。其老友胡适惋惜地说：“一个搞科学的人，竟如此不科学而死。”

郁达夫与王映霞于 1940 年 5 月协议离婚。5 月 31 日，郁在香港《星岛日报》上刊登了题为《郁达夫启事》的离婚启事。随后，王映霞也在几份报上刊登了题为《王映霞离婚启事》："郁达夫近年来思想行动，浪漫腐化，不堪同居。业已在星洲无条件协议离婚，脱离夫妻关系。儿子三人，绝归郁君教养。此后生活行动，各不相涉，除各执有协议离婚书外，特此奉告海内外诸亲友……"

1941年1月23日，萧红病情急剧恶化，被医院误诊为喉瘤。喉管开刀后，她不能发声，痛苦万分。她在纸上写道："半生尽遭白眼冷落……身先死，不甘，不甘！"年仅31岁的萧红就这样带着遗恨离开了人世。

1942年5月27日，陈独秀病逝于江津，身后凄凉萧条。张恨水作组诗哀悼陈，有云："道德文章一笔勾，当年好友隔鸿沟。故人未必痴聋尽，总为官阶怕出头。"

1942年，郁达夫在苏门答腊作《离乱杂诗》，其中一首写道："千里驰驱自觉痴，苦无良药慰相思。归来海角求凰日，却似隆中抱膝时。一死何难仇未复，百身可赎我奚辞？曾当立马扶桑顶，扫穴犁庭再誓师。"以此抒发他的苦闷和故国之思。

1945年，日本投降。在苏门答腊的郁达夫认为，从此可以重见天日了。没有想到，一天夜晚，有一个人找他，要求帮忙办一件事，他随便穿了一双木屐跟来人出去，这一去就再也没有回来：他被日本宪兵杀害了。

1946年在白沙，即将赴台的台静农与舒芜告别，台将鲁迅全部旧体诗书成长卷赠给舒芜，加跋语，最末句是："此别不知何年再得诗酒之乐，得不同此惘惘耶？"

1946年10月10日，梁漱溟在上海与周恩来彻夜长谈。次晨返南京，见报载国民党军队占领张家口，于是对记者说："一觉醒来，和平已经死了！”

徐蚌会战末，杜聿明被生擒，邱清泉身中八弹阵亡。在此前一天，杜聿明给蒋介石发出的最后一封电报是：“各部队已混乱，无法维持到天明，只有当晚突围。”那位同样是黄埔人中之龙的邱清泉将军，则前所未有的沮丧，说是反正活够了，死了也没啥。邱感到死亡的阴影迫在眉睫，情绪极为悲观。他在电报中最后说的话是“部队彻底混乱，我已放弃指挥”。

1950年12月20日，在蒋梦麟主持的农复会会议上，“参政员”郭国基质询台湾大学一些问题。作为台大校长的傅斯年侃侃答完后，又大谈办学方针理想，言毕，突然昏倒，再未醒来。

傅斯年逝世后，省“议会”“副议长”李万居向记者宣布，傅斯年校长于20日夜“弃世”。有位记者错把“弃世”听成“气死”，消息传出去，不明真相的青年学生要求郭国基说明事情的经过。郭逃之夭夭，学生紧追不放，引来百名警察，后经多方劝说，风波才平息。

老舍在自杀前问夫人：“家里还有多少钱？”接着又问：“够孩子们养家糊口吗？”

1966年9月2日深夜，傅雷与夫人朱梅馥携手并肩，双双自缢身亡。他们在遗书中说：“只是含冤不白，无法洗刷的日子比坐牢还要难过。何况光是教育出一个叛徒傅聪来，在人民面前已经死有余辜了！更何况像我们这种来自旧社会的渣滓早应该自动退出历史舞台了！”

1967年春节，大年初六的早晨，张恨水从包油条的半张传单上看到了老舍投湖的消息。第二天凌晨，窗口刚刚露出一缕光亮，72岁的张恨水好像感觉到了什么，慢慢起床，穿好衣服，正要低头穿鞋，却往床上一躺，停止了心跳。

冯友兰在《怀念熊十力先生》一文中写道：熊先生在世时，他的哲学思想不甚为世人所了解，晚年生活尤为不快。但在50年代他还能发表几部稿子。在他送我的书中，有一部的扉页上写道："如不要时，烦交一可靠之图书馆。"由今思之，何其言之悲耶！

1976年10月17日深夜，郭小川离开了人世。郭历经十年磨难而活了下来，不幸却死于自己未熄的烟蒂。

俞平伯在夫人去世后，写日记道："高龄久病，事在定中。一旦撒手，便出意外。余惊慌失措，欲哭无泪形同木立，次晨火葬，一切皆空。六十四年夫妻，付之南柯一梦。"

82岁的丁玲临终时对比自己小14岁的陈明说：你再亲亲我，说，我是爱你的。我只担心你……

1988年6月23日上午11时35分，梁漱溟在协和医院病房，对医生断断续续讲了"我太疲倦了，我要休息"最后一句话，就溘然辞世。

俞平伯去世前半个月神志已不清，如中魔一般，常常坐在桌前翻看《红楼梦》，睡觉时大声喊："我要死了。"闻之令人悚然。

1995年8月22日，陈士榘将军于北京病逝。10月19日，将军夫人李峥由北京至荆州参加将军骨灰和遗物交接仪式。是日9点乘专机，11点到。下飞机，大雨，至宾馆，雨止。次日，送骨灰至市委礼堂开追悼会，出宾馆，大雨，至礼堂，雨止。又送骨灰至龙泉公园安放，出礼堂，大雨，至公园，雨止。陈士榘长子陈华曰："老爷子去世那日大雨，向遗体告别也大雨，今天又大雨。"

2001年8月，病榻上的黄万里教授临终感言："我一辈子念书想治黄，可他们没有听我一个字。白学一场，我真痛心！"

无知 第二十

道光皇帝的裤子膝盖那儿破了，送到内务府织造局去补。光补一边比较难看，于是在裤腿上补了两个月亮形的补丁。在内务府的报销账单上是库平银50两。皇上都如此，臣子们自然不用说了。当时苏州状元潘世恩在朝廷任大学士，上朝时也穿了一条打了两个月亮形补丁的裤子。道光不仅节俭，还很细心，便问潘：“你的这两个月亮补丁花了多少钱？”潘中堂知道这一问是有来历的，说少了会得罪内务府，于是壮着胆子夸大说：“费了20两。”道光听了，惊讶中带着恼怒地说：“为什么这么便宜，我这两个补丁费了50两。这帮子人全是在蒙我。”

1841年，杨芳以参赞大臣身份赴广州防剿英军。杨见英军炮炮皆准，以为其中定有邪术，便想出一条“以邪破邪”的“妙计”：将马桶、妇女用的秽带载于竹排上抵抗英军进攻，结果自然惨败。时人讽曰：“粪桶尚言施妙计，秽声传遍粤城中。”

1876年，新疆匪首阿古柏自封为王，立国号为哲德沙尔汗，宣布脱离清廷。俄国乘机占据伊犁，英国也虎视眈眈，意图瓜分西北。160万平方公里的新疆，有从大清版图上消失的危险。十年后，李鸿章向慈禧奏道：“新疆乃化外之地，茫茫沙漠，赤地千里，土地瘠薄，人烟稀少……依臣看，新疆不复，与肢体之元气无伤，收回伊犁，更是不如不收回为好。”

徐桐为清吏中之愚昧无知者，尝语人曰：“世界安有许多国家，大约俄罗斯、英吉利、法兰西、日本，则真有之，余皆奸徒所诡造以恫吓朝廷耳。”

李鸿章虽推行“内须变法，外须和戎”之策，但其畏敌如虎，“和戎”实际上成了对外一味妥协退让的代名词。李说，西洋“轮船电报之速，瞬息千里；军器机事之精，工力百倍；炮弹所到，无坚不摧；水陆关隘，不足限制；又为数千年来未有之强敌”。中国即与之对抗，“彼之军械强于我，技艺精于我，即暂胜必终败”。李鸿章是战争必败论者，故时人说：“议和则李鸿章必占人先，议战则李鸿章必落人后。”

古应芬去世，有人送一幛，书“今之良臣”四大字，识者匿笑，盖《孟子》有：今之良臣，古之所谓贱民也。

一次，李鸿章问同乡道员：“什么是抛物线？”这位下属按照数学原理大讲一气，讲到克虏伯大炮的弹道路线走的就是抛物线，李鸿章还是不懂。急得道员反问李：“中堂大人，您撒不撒尿？撒尿就是抛物线呀。”李鸿章不禁哑然失笑，周围幕僚更是哄堂大笑。等大家笑完，李鸿章感慨地说了句：“这就是庄子所谓‘道在屎尿’了。”

毛庆蕃曾任上海制造局总办，一日见制造厂外巨木堆积如山，便立即传管事的委员，对他说：“这些木头可以拆解作修船之用，不必另外再买了。”委员说：“这是为制作桅杆专门准备的料，没有拆解的道理。”毛庆蕃不悦道：“把废料也当成珍宝吗？听我的话，赶快拆。”于是不到三个月，木料就用光了。毛庆蕃偶尔与夫人谈及此事，夫人叹息说："你此举大错啊。例如你买绸缎为我作衣料，虽然不急着制衣，但也绝无剪碎做鞋袜的道理。巨木也是一样，是不应该被拆解修船的。"

李鸿章访问英国时，特意到戈登墓地去祭奠。戈登家人很是感激，便将一只爱犬相赠。这只狗曾在英国的竞犬会上获得过第一名，乃名贵之物。李回国后便给戈登家人复信，以示礼貌，信中云："厚意投下，感激之至，惟是老夫耄矣，于饮食不能多进，所赏珍味，感欣得沾奇珍，朵颐有幸……"

廖平其人没有心计，城府洞开，在《辟刘篇》尚未正式出版之前就让康有为过目。康有为得廖平的思想如饮甘泉，不久就写出了《新学伪经考》与《孔子改制考》两部书。书一出版即遭非议，人们纷纷指责康有为抄袭。梁启超说，康有为"见廖平所著书，乃尽弃其旧说"。

王文韶久在枢府为官，生性顽固。光绪末年，日斯巴尼亚遣使来华，要求缔结条约。外务部按惯例呈报军机处。王文韶看后，怒曰："日本鬼子又来胡闹！"某章京对其说："日斯巴尼亚者，乃欧洲之西班牙国，非亚洲之日本国也。"文韶正色道："安知彼非因作无厌之求，恐我不许，变称他名蒙混？诚如君言，则西班牙何以又称日斯巴尼亚？彼既可一国两名，日本又胡为不可？"

刘师培一开始激烈鼓吹反满，但不久就投降清朝大员端方，甘愿充当间谍，捉拿孙中山等人。刘的行为遭世人所唾弃，而蔡元培却为之极力辩护："刘申叔，弟与交契颇久，其人确是老实，确是书呆。"

辜鸿铭在讲授《晏子春秋》时，将"晏"误写为"宴"，待学生指出后，他自言自语道："汉字真有点饶眼。你看这'晏'与'宴'，只不过把'日'的上下位置换了一下，意思就大不相同。英语中可无这样调皮捣蛋的。"话音刚落，有位学生就说："先生有所不知，在英语中也不乏其例。如god(上帝)倒过来不就是dog(狗)？door(门)倒过来不就成了rood(十字架)吗？”

宋教仁在武汉时，谭人凤明确向其透露了一个秘密：会党头目应夔丞已经从政府那里领取了巨额款子，需要戒备。生死攸关，宋教仁却淡淡地回以“杯弓蛇影之事”这六个字；陈其美、徐血儿等也劝他防备暗杀，他却没事人一般：“无妨。吾此行统一全局，调和南北，正正堂堂，何足畏惧。”结果，这“何足畏惧”不仅使其命丧黄泉，也断送了其毕生为之奋斗的事业。

赵景深按照他的“与其信而不顺，不如顺而不信”的主张，将英语 Milk way(银河)译为“牛奶路”。对此，鲁迅作诗曰：“可怜织女星，化为马郎妇。乌鹊疑不来，迢迢牛奶路。”

从法国留学归来的张竞生博士，曾于1920年上书给陈炯明，大力倡导计划生育。他说：“一国的强盛，不在人口繁多，而在于人人都有人的资格。”在他看来，节育对于优化人种有着至关重要的作用。此时的陈炯明，有儿女不下十余人。接到张竞生的上书后，认为是在讥讽自己，怒斥其所言为谬论，并对身边的人说：“这人大概有神经病吧！”

1924年9月，吴佩孚挥师讨奉，在出征前的作战会上，当参谋长下达完作战命令后，空军首脑站起来问：“这里边没有我们的任务。”吴说：“给他加一条。”之后，海军及另十五个单位的头头也相继站起来讲：“这里边没有我们的任务。”吴均以“给他加一条”而了之。原来的一道命令，贴上了十七个补疤，众将军哗然。

蔡元培在为胡适《中国哲学史大纲》第一版所作的序文中，想当然地将胡适老家徽州的“解经三胡”说成是胡适的老祖宗。因而人们觉得胡之所以对中国哲学有如此透彻的了解，实在是家学渊源。蔡元培把胡适当成别人的子孙，而胡适也居然默不作声。

国民党在1929年就装置了拨打号码的自动电话，到了1938年，蒋介石还不会拨电话号码。蒋到重庆后，电话局索性在他的官邸都装上西门子手摇式电话，先由总机的接话员拨号接通，然后再摇蒋的电话。蒋无论打给谁的电话都要别人拿着话筒等他，所以一拿起听筒他就开始说话。

韩复榘盘踞山东时，经常在省府大堂审案。一日，省参议员沙月波派了一个年仅15岁的听差小道去省府送信。韩复榘正坐堂审问一批盗匪，小道一时好奇，就站在一边观看。审毕，执法队把盗匪连同小道一并往车上推，准备送走枪毙。小孩大喊："我是送信的。"韩复榘听见了，问什么事。执法兵说："报告主席，他说他是送信的。"韩回答说："送信的也该枪毙。"小道当即被吓晕了，稀里糊涂地就被拉出去枪毙了。事后，沙议员带着小孩的母亲哭到省政府。韩复榘得知情况后，笑着说："现在他是小道，如果不杀掉他，将来就是大盗。我不让沙议员为难，给他娘五百块钱回去过日子吧。"

20世纪70年代中期，四届人大召开前，王洪文参观湖南省博物馆，在价值连城的玉璧前，王说："那玩意儿不值钱，我找个木匠一天就可以锯他几十个。"在看到衣长1.3米，袖长2米，重却不足1两的素纱禅衣时，王又说："没什么了不起，我以前的老单位，上海国棉厂就可以造出更轻几十倍的东西。"

反叛第二十一

“庚子事变”后，湖广总督张之洞在纺纱局办《楚学报》，聘章太炎为主笔。章富于革命思想，在第一期即发表排满论，凡六万言。该报总办梁鼎芬阅之大怒，大呼：“反叛，反叛，杀头，杀头！”即乘轿上总督衙门，请捕章入狱，按律问罪。幸有报馆同仁王仁俊向张辩解，谓章原是个疯子，逐之可也。张允照办。梁怒无可泄，立将章拉出报社，不准带走衣物，并命轿夫四人扑章于地，以抬大轿之短杠杖其股多下，蜂拥逐之。章出报社后，由友人为之购船票，送归上海。

19 世纪 90 年代初，康有为即写成《实理公法全书》，激烈抨击了中国传统的婚姻模式，认为“男女之约，不由自主”，全凭“父母定之”，或者“男为女纲，妇受制于其夫”，“一夫可娶数妇，一妇不能配数夫”，则“与几何公理不合，无益人道”。没过多久，康有为又在其著名的《大同书》中系统地提出了改革传统婚姻的主张，认为满 20 岁以上的青年男女，其婚姻便应“皆由本人作主自择，情志相合，乃立合约，名曰交好之约……”

1900 年，邹容被重庆经书学院开除，原因是他剪了同学的辫子，而他的父亲则口口声声要砍他的头向皇帝谢罪。

1906 年 7 月 6 日，鲁迅结婚，新娘叫朱安，是鲁迅本家叔祖周玉田夫人的同族，比鲁迅大两岁。对于这桩婚事，鲁迅对许寿裳说："她是我母亲的太太，不是我的太太。这是母亲送给我的一件礼物，我只好好地供奉它，至于爱情是我所不知道的……"

溥仪在《我的前半生》中回忆说："我十五岁那年，有一次听庄士敦讲起电话的作用，动了我的好奇心，后来听溥杰说北府（当时称我父亲住的地方）里也有了这个玩意儿，我就叫内务府给我在养心殿里也安上一个。内务府大臣绍英听了我的吩咐，简直脸上变了色……第二天师傅们一起向我劝导：'这是祖制向来没有的事，安上电话，什么人都可以跟皇上说话了，祖宗也没有这样干过……这些西洋奇技淫巧，祖宗是不用的……''外界随意打电话，冒犯了天颜，那岂不有失尊严？''我连这点自由也没有？不行，我就是要安！'"

民国四年，袁世凯想称帝，手下的袁乃宽奔走进行，拥戴甚力。乃宽子不满其父所为，改名不同，以示与父异趣。不同自称："余家与袁世凯同宗，世凯以吾父为侄，总管新华宫事，余反对帝制，故易名不同。"

袁世凯很喜欢唱戏，特别是在他高兴的时候，总会哼上几句。那段日子，一心想做"皇帝"的袁世凯，听说即位大典的筹备事宜已安排就绪，用不了多久便会当上皇帝时，心里异常兴奋。回到新华宫中，经常开口大唱戏文。诗言其志，歌咏其声，舞动其容，袁世凯所唱的不外是"孤王酒醉桃花宫""我薛平贵也有今日"及《大登殿》之类。袁世凯喜欢唱戏，对看戏更加迷恋，每逢遇到喜事的时候，他总要召集京城名角来唱堂会。许多演员非常痛恨袁世凯，有的拒绝为他演出，有的在戏台上借戏文对袁进行讽刺和鞭挞。

闻一多精于治印，他有一枚特别珍爱的闲章曰"叛徒"，朋友们初见不解，他解释说："为什么叫叛徒，因为我要做一个旧世界的叛徒！”

马寅初出生时，有算命先生言：此子贵不可言，五马俱全；马年马月马日马时生，还姓马。做生意的父亲对他寄予厚望：让他当个不错的账房先生，光大祖先传下来的小生意。虎头虎脑的马寅初竟以投江自杀来抗争，终于获准离开家乡去读书。从上海到天津，再到美国纽约，最后拿回了耶鲁大学的经济学博士学位。

徐悲鸿在宜兴女子学校教书时，与蒋碧薇相识，且一见钟情。蒋虽然也很倾慕徐的才华和气质，却无奈早已由父母做主与苏州查亮采的儿子查紫含定亲。蒋除了“恨不相逢未嫁时”，只能是闺阁饮泪。不久，却传来查紫含在考试中企图作弊的消息，蒋碧薇想到将托付终身的夫君如此没有出息，痛苦万分。一番思虑之后，便随同徐悲鸿一起私奔东渡，去了日本。

张大千居北平时，曾养一只波斯猫，后为徐悲鸿索去。数月后徐写信与张说，此猫极怪，不但不捕鼠，且“鼠吃猫粮”，鼠猫同器而食。

照清朝的规矩，皇帝于皇后外，可以有不拘数目的妃嫔，其等级是皇贵妃、贵妃、妃、嫔和贵人。皇帝立后，便同时立妃嫔。溥仪十七岁时立后，他本人主张一夫一妻，不愿有妃嫔。后经人劝说，才勉强立了一妃。其后虽做了伪“满洲国”皇帝，也始终只有一个贵人。

谢冰莹在谈她的经历时，多次讲到她小时的故事：“我五岁被‘指腹为婚’式地许配给一个叫萧明的未婚夫，那时他十岁。我参加北伐回来，家里就逼我结婚。我反对这门亲事，因为我根本不认识他，哪里谈得上感情？妈妈个性强，她一点也不通融，说我若不从她就死；我个性也强，也不通融，认定了的理，谁也改不了。爸爸说，为了妈妈你牺牲一下吧。我说，你杀了我，我也不从！爸爸说，你先去，然后跑。我带着无限的委屈依了爸爸，但我做好了‘逃’的各种设想和准备。婚，只能成假，不能变真。我对萧明说，我是奉父母之命来你家的，我们结婚对你一点好处也没有，只有痛苦；我们可以做朋友，不能做夫妻。我和他谈了三天三夜，他困得不得了，熬不过，只好睡觉；我也困得要死，但不敢睡，只能硬挺着不停地在火炉旁写日记。萧明人很好，通情达理，终于放了我，从此我便开始了一生的痛苦……”

有人密报张学良说，郭松龄准备反叛。张学良说：“松龄如果反叛，我先自杀。”从此，左右虽知悉但都秘而不宣。

李景林成功逃脱后不久，到达南京，与蒋介石会晤。随后被南京政府任命为直鲁招讨使。张作霖得知后，叹息说：“虎儿出柙，吾人之敌，未可轻视也！”

1932年3月，蒋介石在给他的政治人员下发的指示中说“倭寇深入，赤匪猖獗，吾人攘外必先安内”。蒋介石还不止一次地叫嚷“攘外必先安内是古来治国的一个信条”，在他看来，“剿匪”是比抗日更重要的事情。

1938年，蒋介石给阎锡山去电说，晋东南阎的某部把中央某部的小股部队缴了械，饬令查办。阎本不知有此事，可他复电说：“被缴械的不是小股部队，而是散兵游勇，是类武器如不缴回，势必流入民间，贻害社会治安。民国以来，山西之所以未发生兵变与路劫，全赖不许民间私藏武器。”见此回电，蒋再没提此事。

王造时为自己20世纪30年代的政论结集，因国民党当局诬以“言论荒谬”，即取名为《荒谬集》。

韩复榘死后，《中央日报》向全国发布消息，并宣布他的十大罪状：1. 违抗命令，擅自撤退。2. 按兵不动，拥兵自保。3. 勾结日寇，阴谋独立。4. 收缴民枪。5. 纵兵殃民。6. 派销鸦片。7. 破坏司法独立。8. 擅征和截留国家税款。9. 侵吞国防经费。10. 扰乱金融。

1943年9月，伪江苏省长李士群应日本驻上海宪兵司令部特高课课长冈村之邀赴宴，被毒身亡，终年38岁。据伪系报纸所载：李为浙江人，早岁曾肄业莫斯科大学，叛国后历任伪警政部次长、递升伪部长、伪军委会调查统计部长、伪清乡委员会秘书长、伪江苏省长等职。其战前是个无声无息的人物，自投伪以来，摇身一变，成为杀人不眨眼的魔王——七十六号的伪特工领袖——其名声仅次于汪、陈、周三个巨奸，而威权之盛还在这三人之上。

溥仪重游故宫，在经过没有门槛的宫门时，一边指给人们看，一边笑着说："这是我的成绩，为了骑自行车，我敢于把祖宗不肯动的门槛锯掉。"

变异

第二十二

苏曼殊为人纯真、坦诚，但目睹社会之弊病，也难免悲观，甚至厌世。他在致柳亚子的一封信中说："吾谓多一出洋学生，则多一通番卖国之人……若夫女子留学，不如学毛儿戏。"

湖南哥老会首领杨鸿钧、李云彪遭清廷缉捕，流落香港。二人在香港贫病交加，在陈少白的介绍下，前去求助康有为，不料康匿居楼上，不但不见，反而唆使门人驱赶二人。李性烈，岂甘受此揶揄，于是在寓所门口破口大骂。门警前来干涉，杨鸿钧愤恨异常，与之厮打，无奈力不能敌，遍伤而归。苏曼殊闻听此事，激愤难当，向陈少白提出借用其手枪。陈问其何用，苏当即泣诉："康有为欺世盗名，假公济私，敛聚钱财，污辱同志，凡有血气，当歼除之。"陈劝其不可，苏却一再坚持，陈少白终未将手枪借与苏曼殊。康公逃此一劫矣。

1906 年，孙宝瑄在日记中写道："居今日不求自强则已，欲自强必自改服色简仪文始。服色亦不能全变，当师日本，凡官长军人及商旅于外国者，必不可不剪发易装，此外则听其自由可也。"

清末，上海曾把“杨乃武奇案”搬上舞台，场场满座。生活中的新科举子杨乃武在冤案平反后，在杭州担任上海《申报》特约通讯员。有一次到上海，友人邀之去看京剧《杨乃武》。台上小生陈加祥把杨乃武刻画得像个“英雄”，月月红扮演的小白菜却演得娇艳轻浮，博得满堂喝彩。台下的杨乃武沉不住气，边看边摇头。

1911 年，刘半农为了编一本“骂人专辑”，在《北京晨报》上刊登了一则“粗话启事”，公开征集各地方骂人的话。赵元任看到“粗话启事”后，来到刘半农的宿舍，用湖南、四川、安徽等各地方言把刘半农骂了个狗血喷头。随后，周作人也来了，劈头盖脸地用绍兴土话把刘半农又大骂了一顿。几天后，当刘半农去教室上课时，竟又被广东、广西、湖北等地的学生用土话骂了老半天。

杨度早年在日本就与孙中山相识。孙见其才气纵横，想吸收他加入中兴会，但杨坚持君主立宪，反对民主革命。临别时，杨度向孙中山许下诺言：“我们政见不同，不妨各行其是……将来我如失败，一定放弃成见，从公奔走。”袁世凯称帝失败后，杨度果践此约，从此走上了民主革命道路。

袁世凯死后，段祺瑞以“顾命大臣”的身份去黎府通知黎元洪继承总统职位。那一天，段祺瑞与黎元洪端坐在楠木桌旁，谁也不开口说话，如两尊木雕泥塑。呆坐半天，段突然起立向黎三鞠躬，黎也赶快欠身还礼，礼毕，二人仍还原位，段仍不开口，黎也不作声……旁边的人自然不敢发一言。就这样过去了四十多分钟，段祺瑞终于起身告退，黎元洪也只好茫茫然起身送客，这时段对总统府秘书长说：“黎总统这里没有人，你就留下帮忙吧。”

黎元洪当上总统后，段祺瑞事事作梗，黎被逼得神经迷乱，竟把“辫帅”张勋请进北京，结果演出了一场复辟闹剧，等到段祺瑞得意扬扬地打跑张勋，赢得“三造共和”的美名后，黎元洪就只能老泪横流，挂印而去了。

1915年夏，徐志摩高中毕业。就在他准备继续深造时，父亲为他选择了妻子。他曾极力反对这桩婚姻，但还是不能让父亲改变主意。这年10月，徐志摩被迫与张幼仪结婚。徐志摩时年18岁，张幼仪仅16岁。张幼仪是上海宝山县巨富张润之之女，她的哥哥张松权是当时颇有影响的银行家，另一个哥哥张君劢则是政界显赫人物。徐家虽富，但政治地位不高，徐父想通过这桩婚姻使爱子平步青云。但是这样的婚姻却无法产生真正的爱情。婚后不久，徐志摩就收拾行装，去上海读书，毫无新婚宴尔的依恋之情。

1919年1月，罗家伦在《新潮》创刊号上发表《今日世界之新潮》，热情赞扬十月革命："这次的革命是民主战胜君主主义的革命，是平民战胜军阀的革命，是劳动者战胜资本家的革命！总而言之，以前法国式的革命是政治革命，以后俄国式的革命是社会革命。"1919年10月，因"五四"运动而停刊的《新潮》复刊，罗家伦在当年12月1日发表的《近代西洋思想自由的进化》中却否定了自己不到一年的看法："我从前说法国的革命是政治革命，俄国的革命是社会革命，是错误的！"

张大千20岁时，出家去做和尚。一天他乘摆渡过河，船到河心，他才知道渡资要四个铜板，而他身上只有三个铜板，于是要求船家把渡资减少一个铜板，算做布施。不料船家非但不肯施舍，反把他的袈裟扯破。后张大千谈起此事说："既然没了袈裟，只好还俗回家；既然还了俗，就索性结婚吧！"张大千共生养了十五个儿女。

"五四"运动后，罗家伦渐渐对学生运动持否定态度，他认为学生谋求救国应以学术研究为途径，而不是大搞学生运动。罗后来屡任大学校长，其教育宗旨就是着力培养专门学者，极力反对学生运动。他任清华大学校长时，主张"要做到没有一个不经过严格考试而进入清华的学生；也没有一个不经过充分训练，不经过严格考试，而在清华毕业的学生”。1930 年 5 月，清华学生因中原大战的爆发，发起“驱罗运动”，罗家伦被赶下台。

鲁迅和林语堂原是意气相投的老朋友，两人曾同住在上海北四川路横滨桥附近。一次，两人挥扇清读，颇得情趣。不料鲁迅不慎把吸剩的烟头随意一扔，扔在林的帐门下，竟把林的蚊帐烧去不小一角。林扑灭后十分不悦，责怪鲁迅。鲁迅觉得林火气太大，有点小题大做，有伤交友厚道，于是两人争吵起来。鲁迅当时说：“完全烧了便怎样，一共也不过五块钱罢了！”为了这事，两人“自此分居绝交”。

张作霖深居简出，每次入关都担心路途遥远有人行刺。因此，每当出行前都公布行期，自己整装等待，其间反复叮嘱不许误期，时间到了又不出发，然后在深夜突然下令登车，沿途警戒。因此往往无人能确切得知其往来时间。1928 年夏天，张作霖准备撤回东北，预先遍告文武百官，某日某时自某处出发，如此光明磊落，平生少见。他说：“大丈夫固不当示人以疑。”然而，恰恰在他以“大丈夫”作风行事时，却遭暗算，一命呜呼。

施蛰存曾和鲁迅先生论战，被鲁迅冠以“洋场恶少”的称号。因为这个名字，施蛰存后半生吃尽了苦头，一度从文坛销声匿迹。施蛰存后来不无感慨地说：“十年一觉文坛梦，赢得洋场恶少名。”

杨宇霆兵败逃遁后，毓彝也不得不逃亡。奔到郊外，看见一农夫骑驴行走在阡陌间。于是过去说：“我出大价钱，你能把驴卖给我吗？”农夫说：“没有驴，我一家连顿饭都吃不上，再多的钱有什么用？”毓彝说：“不仅是驴，你的毡帽、衣物我都想要。”农夫笑着说：“军爷神色如此仓皇，莫非是战败的逃兵，这才想买我的驴和衣服？”经毓彝再亡恳求，农夫终于动容，把驴和衣服卖给了毓彝。毓彝骑驴迅速离去，中途还把地上的煤渣涂在脸上，看上去俨然煤厂的役夫。狂奔至夜深，到达汤山。第二日，弃驴渡江，侥幸脱险。

俞大维，浙江绍兴人，身材适中，一身军装永远穿得齐齐整整。他没有入过伍，也没有受过训。他是美国哈佛大学哲学博士。他没有投身大学府研究他的学问，而是深入兵工署，干着真刀实枪的事业，实在是有些奇怪。

傅斯年做事经常走极端，听了几堂哲学课，竟然上书给蔡元培，提议把哲学门从文科中划分出去，要么并入理科，要么再单立学科。他认为哲学和文学完全不通。又如，他修国学时，喜欢李商隐；后来改投新文学门时，反过来骂喜欢古诗词的人是“妖”。罗家伦问他：“你喜欢李商隐的时候呢？”他答：“那时候我也是妖。”

“西安事变”发生后，阎锡山给张学良发电报说：“抗日乎，反共乎，将何以善其后乎？”

郁达夫和妻子王映霞到新加坡生活。王对此行颇有些抵触。郁达夫对她说：“这里是一个新的所在，你没有什么人认识，我们就在这里终老。”王喜欢热闹的氛围，于是想让郁达夫帮她找份工作，郁达夫说：“你既觉得太空闲，不会去找些白米来数数？”

闻一多原本一直拥护国民党。1944 年，国民党政府将原来定在 5 月 4 日的青年节改成了 3 月 29 日，这引起了素崇“五四”传统的西南联大师生的强烈不满，到了蒋介石在《中国之命运》一书中正式提出要“恢复儒家的伟大传统”后，闻一多简直忍无可忍了，他在《八年的回忆与感想》中写道：“《中国之命运》一书的出版，在我一个人是一个很重要的关键，我简直被那里面的义和团精神吓了一跳，我们的英明领袖原来是这样想的吗？‘五四’给我的影响太深，《中国之命运》公开地向‘五四’宣战，我是无论如何受不了的。”

抗战胜利后，蒋纬国来上海，带着一团炮兵，却天天泡跳舞场。上梁不正下梁歪，有一次，几个炮兵要到皇后大戏院看白戏与宪兵发生冲突，宪兵不买账，他们竟把炮车开了过来，几乎闹出了空前的血案。

1957年6月，中央召集国内七十余名专家讨论苏联专家提出的三门峡水库设计方案。会上，不少专家并不赞同苏联人的想法、做法，但由于诸多原因，大家噤若寒蝉。这时，黄万里站了出来，他说："一定要修三门峡水库将来要闯祸的，历史将要证明我的观点。"黄万里自感人微言轻，便婉转说道："一定要修，请别将河底的施工排水洞堵死，以便他年觉悟到需要冲刷泥沙时，也好重新在这里开洞。"黄万里的良苦诤言，成了当时高层的耳旁风——水库设计施工时仍坚持苏联专家的意见，堵死了排水洞。黄万里在随后被打成"右派"，后被贬至乡下务农。

郑蕴侠曾任民国国防部新编西医军政治部少将主任及中央组织部调查统计局少将专员。解放初逃台未果，留在川黔交界的一个叫濯水的山区小镇，这位在教育、军政、帮会、新闻等各界卓有建树的高级特工开始了新的生活，并顺利度过土改、清匪、镇反等运动。直到1958年，与另一位改过的重庆特工意外相逢后，才被公安机关认出并逮捕。郑被逮捕后，乡里给他做了"账目清楚，工作积极，曾获奖金三次，奖品五次"的鉴定。郑蕴侠后被特赦，居贵州，为政协委员。

"文革"初，"小将们"把陈毅拽去游街。走了一段路后，陈毅停下来，向他们要了一截粉笔，弯下腰在自己站的地方画了一个直径一米的圆圈，然后摘下头上纸糊的高帽子说道："我现在要去接待外宾，今天就游到这里，明天再接着游，行不行啊？"……

李莲英在宫中受西太后之宠，赏赐黄马褂，领二品红顶大花翎。自清朝入关两百多年来，太监之中受此殊遇者，仅李一人而已，以致满朝文武大臣乃至皇上都怵他三分。这个权倾朝野，不可一世的大太监，却在慈禧死后仅两年多就遭受身首异处之祸。其不平常的一生令后世学者揣测不已。

“文革”中，梁漱溟的藏书、手稿、字画被焚，还被拉去游街、批斗。最后，被造反派关在一间小屋里。梁既不呼天抢地，也不长吁短叹，而是优哉游哉、自得其乐地写起学术论文，先后完成了《儒佛异同论》和《东方学术概观》。

“文革”中，造反派持麻袋，勒令钟伟将军钻入，然后扎好袋口，以乱棍击之，最后，投入江中。钟伟将军于麻袋中竟挣脱而出，潜水至江对岸，逃之夭夭。

丁玲回忆说，与胡也频相爱，她投进了自己的真情；与冯雪峰相爱，她留下了无限的遗憾；与冯达相爱，好像一场噩梦；与陈明相爱，是最成熟最深沉的情感。

张大千说：“有两件事，对我影响很大：一是被绑匪掳去，受迫为土匪当了师爷一百天；一是出家做和尚，也是一百天！”

季羡林本性内向，然而时势却将之塑造成了一名社会活动家。他曾在文中写道：“每当盛大场合，绅士淑女，峨冠博带，珠光宝气，照射斗牛。我看有一些天才的活动家，周旋其中，左一握手，右一点头，如鱼得水，畅游无碍。我内心真有些羡煞愧煞。我局促在一隅，手足无措，总默祷苍天，期望盛会早散，还我自由。”

熊十力晚年由佛入儒。一次，王元化向他请教佛学。熊老说：“你学佛学做什么？现在没有人学这个了。”不过随后熊依然将他写的《佛家名相通释》一书赠予了王元化。

廉耻第二十三

荣禄，字仲华，满洲正白旗人，出身于贵族之家。其头脑灵活而有才气，于1852年任主事，后升工部员外郎，又调户部银库员外郎，曾因贪污几乎被杀，后买官做了直隶候补道。1860年，英法联军攻占北京，咸丰皇帝逃往热河，恭亲王奕䜣奉旨设巡防处，荣禄"总其事"，从此发迹于晚清政治舞台。

桂祥因女儿嫁给光绪，被封为承恩公，一度为巡边大臣。当时李合肥督北洋兼领海军，桂祥递门生贴拜谒。见面后，李合肥说："君奉命巡边，必到海军屯驻地；如今舰队集结在旅顺，我派舰队护君出行。"桂祥说："部下军士都是北方人，素不惯航行，他们善骑，门生愿意率其自陆北绕行至旅顺。"李合肥笑曰："士卒确实畏水，君恐怕也是这样吧。"桂祥俯首无语。

某巡抚进京面圣途中，路过天津，李鸿章设宴款待。谈及边事，顺便问起北洋水师的战局，李鸿章笑着说："苟延之局，何必认真。"转而举酒自斟，说，"失言！失言！当罚酒一杯。"

有门生拜见杨味春，并呈诗一卷，首句云："我生有贵相，十指皆箕斗。”见面后，杨公说：“我的门下没有君这样的人。”门生听后，以为杨公是看了所呈试卷才会这样说，于是更加谦逊。杨公笑着说：“昔日阮文达为妾作传，有‘生有贵相，十指箕斗’之句，已成笑谈。君竟剽袭其诗句以自夸，还知道人世间有羞耻二字吗？所谓门下没有像君这样的人，正是此意也。”门生面红耳赤离去。

赛金花本是姑苏城外一名青楼女子，略知文墨。清光绪十三年（1887 年）与回籍奔丧的苏州状元洪钧结识成婚，成为状元夫人。同年洪被派出使俄、德、奥、荷四国，赛金花随洪出访。在欧洲，她在各种交际场所频繁出现，活跃开朗，艳惊四座。其间，她稍习德语，结识了德国军官瓦德西。四年后，洪钧回国，没过多久便死了。赛金花耐不住清苦，乃脱离洪家，重堕红尘。

1902 年，19 岁的载沣遵照太后的旨意，与荣禄之女瓜尔佳氏成婚。一位外国人曾对她有过这样的描述：醇亲王的福晋身量不大，不太爱说话，眼睛又黑又大。当她凝神看别人时，就越发显得孩子气。她的一举一动都十分谨慎。她出身那样的家庭，当然人也很聪明。在这些抛头露面的公共场合里，她自然要表现得非常尊贵、稳重……荣禄死的时候，她被慈禧请进宫里，当时她尚在服孝期间。她脚穿青鞋，那是满族女子在服孝时穿的一种鞋。慈禧问她：“为什么穿着青鞋进宫呀？”醇亲王的福晋答道：“因为父亲刚刚过世。”慈禧又问：“难道哀悼过世的父亲比陪伴尚且在世的主子更加重要吗？”从此往后，醇亲王福晋即使尚在服孝期间，每次进宫，也必定换上红色鞋子。

慈禧晚年，改排外为媚外，所谓“量中华之物力，结与国之欢心”。她向帝国主义屈膝投降，经常宴请各国公使夫人，企图讨好列强。有一次，慈禧发现一位公使夫人佩戴着勋章，就问其来由。公使夫人答，此勋章是因其在义和团围攻使馆时受伤，由国家奖励的。慈禧马上双手握住这位夫人的手，激动地说：“对那次动乱中所发生的事我深表遗憾，义和团匪民一度势力盖过朝廷，更有甚者，他们竟然把大炮架到了紫禁城的城墙上，这类事情以后永远不会再发生了。”

李鸿章出访欧洲的时候，去拜会过著名的铁血政治人物俾斯麦。李鸿章对其颇有些自豪地说：有人恭维自己是“东方俾斯麦”。俾斯麦沉吟了一会儿，回答说：“你是‘东方俾斯麦”，我自己却难得‘欧洲李鸿章’的称号。”

慈禧七十大寿时，林白水在报上发表一副对联曰：“今日幸西苑，明日幸颐和，何日再幸圆明园？四百兆骨髓全枯，只剩一人何有幸？五十失琉球，六十失台湾，七十又失东三省！五万里版图弥蹙，每逢万寿必无疆！”

关于慈禧扮观音拍照，德龄在《清宫二年记》中曾经描述：在一个阴雨连绵的日子，慈禧等人从颐和园乘船来到西苑。看到湖中盛开的荷花，慈禧说道：“我们在这里至少住三天。我希望这几天天气好，因为我想在船里拍几张照。还有一个好主意，我想扮作观音来拍一张。叫两个太监扮我的侍者。必需的服装我早就预备好了，有时候要穿的。碰到气恼的事情，我就扮成观音的样子，似乎就觉得平静起来，好像自己就是观音了。这事情很有好处，因为这样一扮，我就想着我必须有一副慈悲的样子。有了这样一张照片，我就可以常常看看，常常记得自己应该怎样。”

玉铭曾当过库丁，在当木厂掌柜时，与权臣勾结，在广东敛钱。玉铭得钱后准备捐官。不曾想即将走马上任时，被光绪断了前程。为官不成，玉铭于是重操旧业，继续当木厂掌柜。不久，在承办醇亲王奕譞祠庙工程中，贪污巨款，又勾结王府太监，盗卖王府珍玩给外国使馆。东窗事发后，玉铭被京城提督抓获。后遁入空门，削发出家。

徐锡麟刺杀恩铭事件发生后，众大臣惶恐如惊弓之鸟，戒心高涨，其中忠愍表现尤甚。在金陵任职时，提学使陈伯陶求见。当时，天气燥热，陈伯陶俯身从靴囊中取折扇，忠愍惊起，狂呼道："子励你想干什么？"陈抽出折扇，徐徐说道："取扇乘凉而已，帅座怎么会如此惶恐？"忠愍赧然坐下，不能出一词。

辛亥年冬天，效忠于袁世凯的张謇、唐绍仪等人齐聚上海，打算网罗辜鸿铭。在宴请的餐会上，他们寻章摘句，极力游说，甚至搬出了孟子的"君之视臣如犬马，则臣视君如国人；君之视臣如土芥，则臣视君如寇仇"以打动辜鸿铭。辜鸿铭说："鄙人命运不济，诚当见弃。然而你们两人，倒也真是一个土芥尚书，一个犬马状元。"说罢不辞而去。

1912年，孙中山在北京与袁世凯就国家治理、建设问题进行磋商。袁多虚与委蛇。饯别宴会上，袁急欲刺探中山先生之意志，佯装酒醉亲热，拊孙肩曰："今革命克告成功，先生奔走数十年之目的已达，中华革命于是告终矣乎？"中山先生莞尔从容对曰："满清幸已推翻，如云中国革命从此告终，恐未必然。"

袁世凯妻妾成群，却经常打女演员的主意。刘喜奎姿容秀美，扮相极佳。袁世凯为了能接近她，大办宴席，请她去宫中内宅吃饭。对于袁世凯的"好心"与"盛情"，刘喜奎断然拒绝。有一次，刘喜奎正在化妆，袁世凯的听差跑来告诉她，"有人请"，并非请刘喜奎走一趟不可。刘喜奎跟着这位听差来到一间铺设极为豪华的房子里，她心中早有疑惑，于是厉声问道："是谁找我，有什么事，站出来讲！"这时，从帘幕中钻出来一个清朝遗老模样的人，慌慌张张地说："没事，没事，只想找你聊聊天，聊聊天。没事，没事。"刘喜奎轻蔑地冷笑一声，拔腿便走。帘幕中的袁世凯无奈道："这女人可真不好惹！"

《亚细亚日报》被称作"元勋报"。袁世凯登基，各团体上表称贺，薛大可在贺表中署"臣记者"三字，贻笑天下。

薛大可名声响亮，妇孺无不津津乐道。袁世凯执政时，因作文为其歌功颂德，为人所不齿。薛大可说：“……大丈夫流芳百世难，遗臭万年亦不易……荣乎？辱乎？流芳乎？遗臭乎？是非功罪，五百年后必有知者。”

徐世昌是袁世凯的宠臣，他在过生日时，招来很多演员演戏。这天，演出的是《大登殿》，扮演皇帝的是孙菊仙，戏中文武百官请圣上登宝座，孙菊仙谦让，口中连称：“不敢，不敢。”文武百官“不解”，忙问何故。“自从清室退位，从前皇帝已经没有了，现在是民国，并没有皇帝，将来的皇帝，还没有出现；我是什么东西，我是什么东西，怎敢做皇帝，怎么敢做皇帝！”说罢，孙菊仙用手指着满脸惊讶的徐世昌，笑问道：“哈，现在谁是你的皇帝？”说完，孙菊仙后退三步，大声说道：“哈，我又是谁家的皇帝？”言毕，扬长而去。看戏的达官贵人们一个个面面相觑，呆若木鸡。

民国初，孙保琦摇身一变成为民国政府的外交总长。一日，孙与赵秉钧等国务委员到大清小朝廷来致祭。身着大礼服的孙被梁鼎芬一眼认出，梁直奔这位只鞠躬的官员面前，指着鼻子问：“你是谁？你是哪国人？”孙被老友问怔住了，梁提高嗓门：“你忘了你是孙诒经的儿子！你做过大清的官，你今天穿着这身衣服，行这样的礼来见先帝先后，你有廉耻吗？你是一个什么东西！”“问得好，你是个什么东西？！”劳乃宣跟了过来，二人一唱一和，这时又过来一大群人，把这三人围在了中心。孙面无人色，低下头连忙说：“不错，不错，我不是东西！我不是东西！”

民国初年，议会贿选成风。辜鸿铭在参加北京饭店的国际性聚会时，遇到一个贿选的议员，辜指着此人，操英语说道：“这家伙要用800大洋买我的选票，诸位，我辜鸿铭如此之卑贱吗？”

在汪伪政府集团中，林柏生是汪精卫唯一的心腹之人。林柏生在战前，因为得到汪的支撑，任立法院一名委员，便一直遵奉汪的命令。这一时期中，他对汪忠心耿耿，无时无刻不以汪作为招牌，代他鼓吹一些叛党卖国的荒谬言论。后来汪提拔他为伪“宣传部”部长，他愈发洋洋得意，在南京有了“公馆”之外，再在上海分设“公馆”，一面招揽大群无耻之徒，作为替他摇旗呐喊的走狗。

金梁经常出入宫廷，并自称少保。金曾上书废帝溥仪复辟，事情败露后，舆论哗然。金逃之夭夭。某年，金梁忽然上书张学良，力劝其读书习字，并提出建议若干。张以其言之有理，于是采纳。金梁贫困，张学良馈赠丰厚，还让他打理盛京故宫事务。而金私下却对人说：“此间不能久留，我要尽快离去了。”

蒋介石工于心计，为收买人心，曾与各地方实力派人物结为金兰之好，换兰谱结为盟兄弟。1928 年二次北伐前，蒋与冯玉祥这个老对手结拜，见面后互拜了四拜，然后换兰谱。蒋氏帖诗谓：“安危共扶，甘苦同尝。海枯石烂，死生不渝。”冯氏帖诗谓：“结盟真意，是为主义。碎尸万段，在所不计。”北伐途中，蒋对李宗仁也搞这一套。军至长沙，蒋找到李宗仁，要求结为兄弟，并主动送来一份红纸兰谱，上书亲撰的四句誓诗：“谊曰同志，情切同胞。同心一德，生死系之。”诗末除蒋中正签名外，还有娇妻陈洁如问候的字样。李见蒋氏送帖，顿觉尴尬，“我一面回话，一面后退，表示不敢接受他的兰谱。”李最后照抄蒋氏誓诗，作为回帖。

1928 年 6 月，孙殿英丧心病狂地派出工兵盗挖河北遵化的东陵慈禧墓，盗走价值连城的殉葬品。事发后全国震惊，冯玉祥十分气愤，派人把孙殿英叫来，对他说：“殿英老弟，你的革命精神我很佩服！咱们是好朋友，好同志，在反对满清这一点上我干的是活的，把称孤道寡的溥仪从故宫赶走；你干的是死的，掘开了慈禧墓，盗走了金银财宝。你革命比我彻底，我不过是把皇帝逐出宫外，你却把宣统的祖宗扔出坟外。”孙殿英听了这段训斥后，尴尬得不知说什么好。

国民政府行政院院长谭延闿好吃鱼翅，每餐必吃，吃得红光满面，满嘴流油，非鱼翅不饱，几成一癖。某次，立法院院长胡汉民请客，他听说谭的食好，有意将鱼翅放在后道，并在酒酣耳热之际，故意大谈美食原理，说鱼翅不好吃，味同嚼蜡。因是别人请客，谭氏也只能随声附和。眼看酒宴将散，仍未见鱼翅上席，急得他直叹气。胡汉民有意问："祖安（谭之字）兄，是不是再点一道菜？不必客气。"谭延闿笑着说："展堂（胡之字）兄，如蒙不弃，请赐嚼蜡如何？"胡汉民捧腹大笑。

20 世纪 30 年代初，素有飞将军之称的国民党上将蒋鼎文在苏区"剿共"，屡受挫折，为此忧心忡忡，对其盟兄说："以后打算积资百万，在上海消磨二十年岁月，就可结束此生。"

1931 年 2 月，胡汉民被蒋介石扣留于南京汤山。消息传到广州后，在军政各界引起了极大的震动。一时谣言四起，众说纷纭。几天后，蒋由南京发来一纸"解释误会"的电文，说："胡展堂先生对国民议会，坚持主张不得议及约法，恐因此引起党内无穷纠纷……特与详细讨论，胡先生以政见不合，欲辞本兼各职，并欲择地静居，谢见宾客，故于本日往汤山暂住。乃闻谣传扣留，殊觉失实。"电文欲盖弥彰，反证实了胡确已被囚在汤山了。大家怒形于色，都以行政院长（时蒋兼行政院长）扣留立法院长，毁法乱纪，中外所无，纷纷表示愤慨。

章太炎晚年索居苏州，门前冷落。章的爱侄在上海与人发生官司纠葛，向章太炎求助。章太炎要学问有五车，要权势却是没有。情急之下，想起了上海的黑帮老大杜月笙，于是给杜修书一封，求其帮助。杜月笙见信，喜出望外，结识学术泰斗正是其朝思暮想的，此时正是机会，于是不费吹灰之力就把章侄的事情摆平了。随后，杜月笙又趁热打铁亲赴苏州拜访大名鼎鼎的"章疯子"，并附上一张 2000 元银票，后每月都派人送钱，解除了章经济上的拮据。而章则投桃报李，亲自为杜月笙修家谱。

某次，陈果夫大宴群僚，事先叮嘱各地的来宾，赴宴时必须携带本乡的佳肴。请客的当天，名肴荟萃。陈果夫亲自下厨，将番茄锅巴虾仁鸡汤操作出来，请众人品尝，本来色香味俱美，加上陈果夫省主席的地位，大家都极力吹捧，封其为“天下第一菜”。陈果夫非常高兴，一时兴起，当时挥毫写下《天下第一菜颂》：是名天下第一菜，色声色味皆齐备；宴客原非专惠口，自应兼娱眼耳鼻；此菜滋补价不贵，可代燕窝或鱼翅；番茄锅巴鸡与虾，不独味甘更健胃；燥与湿兮动与植，中外水陆品类萃；勇能赴敌屈能伸，因物尤可长志气；我今郑重作宣传，每饭不忘愿同嗜。

“西安事变”发生后，宋美龄赶赴西安探蒋。蒋见宋至，惊呼曰：“余妻真来耶？君入虎穴矣！”言既，怅然摇首，泪水潸然。接着，蒋又向宋美龄描述“遇劫当时，黑夜攀登山巅，手足为荆棘与山石刺破，遍体鳞伤之状况……”又对宋说，他早晨读《圣经》，正好读到“耶和华今将有新作为，将令女子护卫男子”。

到沪受降的汤恩伯，见到日军司令官松井中将后，说道：“对不起，今天要您到这里来谈……”坐在旁边的美国顾问一听，立即警告他说：“将军！你应该弄清楚，你是战胜者，对于投降的人没有什么‘对不起’，你应该说‘我命令你’……”这样，汤恩伯才重新用命令口吻发言。据说后来汤恩伯与松井单独会见的时候，曾说：“早知这样，我们应该预先演习一下。”

马寅初在大庭广众下质问孔祥熙经济问题，孔无言以对，结结巴巴地说：“我是孔子的后代，我不会贪污！”

李伯元的小说《文明小史》中，描写了一个整天西服革履，手不离文明棍，头不离西洋帽的上海青年，外表风度翩翩，而内里却是个穷得叮当响的“叫花子”。黄国民道：“还是你们洋装好，我明天也要学你改装了。”洋装朋友道：“改了装没有别样的好处，一来裁缝钱可以省得不少，二来无冬无夏只此一身，也免得到了时候，愁着没有衣服穿。”黄国民道：“洋场上朋友，海虎绒马褂可以穿三季，怎么你这件外国衣裳倒可以穿四季呢？”洋装朋友道：“不瞒你说，你说我为什么改得西装？只因为中国衣裳实在穿不起，就是一身茧绸的，也得十几块钱。一年到头，皮的、棉的、单的、夹的，要换上好几套，就得百十块钱。如今只此一身，自顶至踵，通算不过十几块，非但可以一年穿到头，而且剥下来送到当铺去，当铺里也不要。这一年工夫，你想替我省下多少利钱？”黄国民听了不觉点头称是，连说：“兄弟回去，一定学你改良的了。”

国民党军统府中将参军唐生明原是旧军官，素来奢侈成习。1940 年秋，唐耐不住艰苦，潜至南京，投靠汪精卫，任伪军军事委员。唐在南京，如鱼得水，恢复了其花花公子的本性，把腐化的生活推到了极顶。张恨水在 1940 年 10 月 19 日的重庆《新民报》上痛斥了这个无灵魂的渣滓：“唐逆生明在南京，作任何事，一掷万金。仅以他的自用汽车而论，深夜跳舞回来，喇叭响着多勒梅的钢琴声，令一路店家闻之作为美谈……比这够劲的事，太多太多。”

在重庆某招待会上，记者问孔祥熙：知识分子面有菜色，日子有过不下去之虞。请问部长红光满面，滋润非常，有何养生秘诀？孔语塞，良久方答非所问道：重庆物价便宜得很嘛，每周生活费，只需寥寥几元钱嘛。座中大哗，骂声四起。

陈公博亡命日本不到三个月，就被迫以战犯巨奸的身份归国。陈在江苏省第三监狱的最后生涯十分压抑，失眠烦闷，他“始终以好汉自命”，常忍不住大喊一声：“天啊！”又自解“我所写文章不曾称过日本为友邦，因为我不认日本为朋友”。1946 年 6 月 1 日，陈公博在狱中毙命，子弹从后脑进，前额出。周佛海在狱中闻之“有感”，作诗云：“水流花谢太匆匆，往事如烟梦亦空。地下相逢应共笑，成仁毕竟是成功。”

刘峙早先是黄埔军校的青年教官，北伐诸役，甘冒矢石，冲锋陷阵，后官至重庆警备司令、徐州“剿总”总司令。刘官至高位，渐露贪生怕死之相，后半生徒有虚名。李宗仁谓其怕老婆“无人能出其右”之地步。抗战初期时，与日本交手的几个大仗，他都落败吃瘪，人们称之为“长腿将军”。徐蚌战酣，杜聿明（“剿总”副司令）因病暂离战场，刘峙怕得要命，不断地念叨：“光亭（杜聿明字）走了，我怎么办、怎么办？”未几，徐蚌大崩盘，几十万精锐部队毁于一旦，刘峙仓皇逃窜，最后流落至南洋。